SUBETE A LA CIMA
CON PNL

PASCUAL ROMERO

COACH EN PROGRAMACION NEUROLINGUISTICA PNL

Coach Pascual Romero
spromero@gmail.com
3873-556694 – 3873-426334
Cursos On line y Conferencias

*Dedico este libro a mi esposa y a mis hijos,
mis maestros espirituales en esta vida.*

*Con ellos, al comienzo del día conformamos
una realidad, al anochecer la desarmamos,
para luego continuar al siguiente generando
una nueva.*

*Mientras estemos juntos, compartiremos
esta maravillosa y única experiencia que es
VIVIR.*

Romero, Sebastian Pascual

    Subete a la cima con PNL : hoy es un gran día para cambiar / Sebastian Pascual Romero. - 2a ed. mejorada. - La Plata : Arte editorial Servicop, 2018.

    128 p. ; 20 x 14 cm.

    ISBN 978-987-4957-13-9

    1. Superación Personal. I. Título.

    CDD 158.1

*Agradezco a mi Padre y a mi Madre,
por proyectar en mí lo bueno y lo malo de su ser.*

*Lo bueno me permitió luchar por lo que quiero
y con ello conseguir herramientas como PNL
que permiten corregir lo malo, ahora
puedo ofrecer mi don de despertar la conciencia,
como el sol que sale todos los días, para todas
aquellas personas que desean cambiar,
que quieran recibir los rayos de luz
que uno tiene para ofrecer".*

Índice

1. Introducción

Este libro ha sido atraído por ti, ahora se encuentra en tus manos y no es una casualidad como tampoco lo es que yo lo haya escrito. Parte de su significado es compartirlo, intuyo que te será de gran utilidad para alcanzar las respuestas que está buscando tu inconsciente.

Déjame contarte un poco sobre el libro, que posee un equilibrio perfecto entre la PNL -Programa Neurolingüístico - y las Leyes Espirituales, las dos mejores herramientas de la actualidad que permiten lograr grandes cambios en la vida de una persona que esté dispuesta a buscarlos. Somos seres reprogramables, sólo debemos saber cómo eliminar los virus mentales que nos impiden lograr y obtener todo lo que deseamos en nuestras vidas, ya sea material o inmaterial.

La PNL es la tecnología que contiene las técnicas que te permitirán alcanzar esos cambios sin necesidad de realizar grandes esfuerzos o disponer de conocimientos previos de algún tema en particular.

Sin embargo, también somos energía y respondemos a las leyes universales o espirituales, las cuales se cumplen a la perfección todos los días en tu vida, sólo que no eres consciente de que ocurren.

En este libro, mediante ejemplos prácticos, llegarás a comprenderlas; es como lograr entender las reglas de un juego que siempre estuviste jugando, sin saberlas desde un inicio.

Comencemos de inmediato, aplicando la ley del dar, ya que tú y yo estaremos dando el 10% de las ganancias de este libro a las fundaciones que designe el Universo, ¿maravilloso no? Dar, es una ley.

También, trascenderás todo lo que aprendas en este libro, ya que en forma consciente o inconsciente lo harás a un amigo, a tu esposa, a tus hijos, a una persona que necesita de tu ayuda, o al que designe el universo, por eso te agradezco desde ya querido amigo o amiga, por compartir el despertar de la consciencia. Te amo porque yo soy tú y tú eres yo.

2. Los cuatros pilares de PNL

Primer Pilar: La energía fluye hacia donde diriges tus pensamientos.

Una persona tiene alrededor de 60.000 pensamientos al día, que generan una serie de diálogos internos que te distraen, te siembran miedos, dudas y preocupaciones que frecuentemente no tienen fundamento. Sin embargo te están alertando, dando señales, colocándote en pie de guerra.

¿Cómo podemos trabajar con nuestros pensamientos para que nos ayuden y podamos lograr la paz interior? Debemos dirigirlos a lo que deseamos realmente, el problema es que no sabemos lo que queremos.

En cambio si hacemos lo que nos gusta y tenemos un objetivo, vamos a lograr disminuir esos pensamientos que nos llevan a la nada, y lo mejor que puede pasar es que comiencen a trabajar juntos, nuestro ser y nuestro pensamientos en una sola dirección.

Si ese camino es el que realmente deseamos en nuestra vida o en una etapa de nuestro recorrido, la energía va a fluir de una manera única, logrando todos nuestros sueños.

¿Cómo son 24 horas que estamos pensando al día? Debemos ir filtrando los pensamientos a través de lo que yo llamo el filtro de los distractores; ellos van a venir y van a tratar de distraernos, de llevarnos de una situación o

a un lugar que nada tiene que ver con lo que queremos nosotros, entonces es cuando debes ser consciente y preguntarte - ¿esto está alineado con lo que quiero? No. -¿Existe en mi presente o es algo del pasado o el futuro? NO . -¿Entonces qué hago pensando en esto?
YO NO SOY MIS PENSAMIENTOS. Es una frase divina, un mantra celestial que te permitirá hacer desaparecer los pensamientos negativos, ya que si te encuentras con pensamientos de situaciones negativas que te van a pasar, o que le van a pasar a un ser querido, de recuerdos del pasado que tienen tu mente secuestrada y a tú corazón lastimado. PREGUNTATE, -¿puede ser que esos pensamientos sean tuyos? ¿Puede tener algo que te pertenezca, que te lastimen? El universo a su hijo no puede darle una daga para que la use con él ni con nadie. Debes entender que los pensamientos no son tuyos, son de una energía que quiere dominar el mundo, a través del control de nuestras mentes, generando miedos, dudas y preocupaciones. Sólo usa ese mantra y veras que comienzas a tener paz interior, comienzas a dejar de sufrir. Es como el sembrador que prepara la tierra, sacó las espinas, las piedras; trabajó la tierra para ser sembrada. Luego usa el otro mantra, YO ELIJO MIS PENSAMIENTOS, y en ese preciso momento, es como cuando el sembrador sabe que la tierra está fértil para ser sembrada, larga la semilla para que la planta crezca, tiene la fe de que todo se dará para luego cosechar. YO ELIJO MIS PENSAMIENTOS es cuando pones en manifiesto al universo lo que quieres y comienzas a crear tu destino, tu futuro.

No hacemos predicciones, ni vivimos en el pasado, sólo estamos en el presente. Si nos concentramos en la actualidad, disfrutaremos de lo que nos pasa en este preciso momento, tanto como estar leyendo este libro, reflexionando, aprendiendo y disfrutando.

A veces cuando centralizamos mucho los pensamientos hacia lo que deseamos, por ejemplo el dinero, o verse mejor,o lograr fama, o lograr ser distinguidos, etc..., si bien hemos logrado alinear nuestros pensamientos, también debemos tener en cuenta que no hay que dejar de disfrutar, que también seamos conscientes que uno nunca llega sólo al podio del objetivo, que a veces hay que esperar a otros y que lo más lindo es llegar acompañado, y depende que sueños tengas, puedes lograr que contigo lleguen cientos o miles de personas.

Una de las leyes espirituales más potente y tal vez una de la que más cuesta entender es LA LEY DEL DESAPEGO. Esta ley ayuda mucho en lo que respecta a la frustración cuando nos dirigimos al objetivo y no lo podemos lograr, en ese caso los pensamientos pueden querer abandonarte y hacer parecer que tus sueños no son factibles de alcanzar.

Esta ley te dice que lo que deseas, lo debes desear pero no al punto de no poder vivir sin ello.

Yo a esta ley la comparo como cuando uno está pescando. Cuando pica el pez uno quiere sacarlo de inmediato, tenerlo de inmediato en la manos, sin embargo si se tira mucho de la caña, puede ocurrir que el pez también y al estirarse la tanza, se corte. Eso significa que el pez logra escapar cuando forzamos las cosas y colocamos eso sobre todas las cosas, ocurre que nuestro objetivo finalmente se nos va de las manos.

Por eso, un buen pescador sabe cuándo tirar y cuándo ceder, es importante saber ceder, es en esos momentos cuando uno debe tener paciencia y fe de que lo va a conseguir, sin embargo cede, porque en ese momento es necesario, pero no está rindiéndose.

Saber controlar tus pensamientos, dirigirlos a donde va tu energía, saber que ceder es ganar, y tener fe de que lo vas a conseguir, es la clave de que conseguirás todo lo que te propongas.

Segundo Pilar: El mapa no es el territorio.

Nuestros límites y creencias son los que nos van a marcar nuestro territorio.

Tú y yo tenemos distintas percepciones al ver las cosas; lo que yo pueda y me proponga hacer, dependerá de los límites que me ponga a mí mismo, o lo que la sociedad me quiera imponer.

Los límites lo puedo ir modificando en la medida que vaya conociendo mis recursos.

Si soy consciente de esto, sabré que no hay límites, que cuando le doy una orden a mi inconsciente, él encontrará la forma de romper esos límites.

Por ejemplo: no voy a poder tener suficiente dinero, porque no estoy preparado. Eso es ponerse un límite.

No voy a poder bajar de peso, porque me gusta comer de todo y no creo que no lo pueda hacer.

No podré armar mi red de mercadeo, porque no creo que pueda liderar un equipo.

No podré hacer mi negocio porque hay mucha competencia y el gobierno es inestable.

No podré tener mi casa porque los materiales y la mano de obra son inalcanzables.

Y todos lo que te quieras imaginar, eso es ponerse límites. El ser humano es una especie hermosa, que puede reinventarse, que puede reprogramarse.

Sólo debemos ir convenciendo a nuestra mente de que podemos lograr lo que queremos realmente, hasta lograr someterla. Las células se regeneran cada 21 días y si perseveramos en nuestras afirmaciones, las nuevas tomarán la nueva lectura, y todo mi ser lo habrá aceptado, ya está conseguido el objetivo antes de que ocurra.

Repite conmigo: no me rendiré, lo lograré, nadie me parará, soy un río que rompe un dique al pasar o lo desborda por su costado, soy pura energía, yo soy lo que quiero ser.

Gracias Universo por darme la oportunidad de despertar, hacerme cargo y ser responsable de mi propio cambio, de dejar de tener miedo, de dudar y de preocuparme, de encontrar lo que he venido a esta vida a buscar, de ser feliz, de tener abundancia y de seguir todos mi días disfrutando de lo que hago, de ser libre y de ayudar a muchas personas a despertar y que logren soñar como yo lo hago.

Las creencias es el ambiente en donde estamos, de lo que otros creen, yo tengo que creer, si no es así, estoy fuera y solo, entonces tengo que creer lo que otros creen. Entonces es común escuchar frases como las siguientes: Si no estudio una carrera y no me recibo, no voy a ser nadie. Si te gusta mucho el dinero te conviertes en una persona avara.

Es más fácil que pase un camello por el agujero de una aguja, antes que un rico llegue al cielo.

Si se cruza un gato negro, te trae mala suerte.

15

La creencia de cada persona es el baile que eligió bailar, es su chiste, es su historia. Tú no puedes bailar la danza de otra persona, por más que la ames, ni esa persona puede bailar tu baile.

Nosotros creemos y generamos nuestro mapa mental en base a lo que creemos, y esto se vence, venciendo nuestros miedos, siendo capaz de reprogramarnos.

Cristóbal Colón, descubrió América, cuando todos creían que no existía, sin embargo él tuvo el valor de desafiar las creencias y convencer de que sí se podía; ahora, él para convencer, debió haber estado convencido.

Y como sabes, hay muchas creencias, que fueron superadas por hombres que siempre creyeron en ir más allá de sus límites y de lo que todos creían.

Si hoy eres pobre, aceptas y acuerdas que no podrás cambiar, sólo recibirás más de lo que pides, es decir necesidades.

Sólo di basta, yo puedo, yo no acepto, yo creo en mí, en mis recursos, en que no sé cómo, pero lo lograré, que mi inconsciente me ayudará, que el universo abrirá las puertas que antes estaban cerradas, que tendré toda la energía para mover lo que tenga que mover, porque una vez que decida hacerlo y sepa lo que quiero en esta vida, nadie me parará, tendré el éxito que quiero tener y que me merezco, hoy es el día que reclamo lo que me merezco y rompo mis creencias, límites y hago nuevos acuerdos que me harán sentir mejor y seré feliz, hoy me quiero como soy, me respeto, y agradezco todo lo que tengo, porque vendrá más y tengo mis brazos abiertos para recibir todo lo que vendrá, mientras tanto disfruto el proceso y el camino al éxito, la fe de que lo voy a

conseguir es la que me mantiene firme y en movimiento, es la que me levanta cuando me caigo, sé que no será fácil, pero sé que tampoco será imposible, y al final recordaré las lágrimas que derramé, pero no me rendí, porque vi a alguien que me levantó cuando me caí, y vi su cara y era YO MISMO diciéndome, tú puedes, tú puedes y me levanté porque yo creí primero en mí y luego otros creyeron en mí y los que lo hicieron, los ayudé a que crean en ellos mismos, y siempre me visualicé lográndolo y siempre festejé, hasta que el día llegó. Ahora te invito que juntos hagamos una técnica de PNL que se denomina ANCLA, sólo te pido que de lo que leíste arriba digas lo que te acuerdes, pero primero cierra los ojos, imagina tu situación actual, lo que te molesta y pon esa imagen en blanco y negro, reduce los ruidos si los hay, desprende ese sentimiento, aleja esa imagen hasta hacerla diminuta, y ahora soltá todo esa energía de lo que quieres ser, cierra tus puños, levanta los brazos y comienza a decirte en voz alta todo lo que entendiste y agrega lo que quieras para agrandar más esa emoción, escúchate, visualízate en colores y con imagen grande, promete que hoy es el día del cambio, realiza nuevos acuerdos, y que cada vez que te caigas tú te levantarás, porque tú crees en ti. Imagínate ayudando porque eres abundancia, como recibiste darás, y siempre cuando veas que todo se desploma, te acordarás de esto, y cerrarás los ojos y con sólo cerrar los puños y levantar los brazos o el gesto que hayas elegido, todo se activará y llegarán a ti los recursos que necesitas, todo volverá a su orden, todo se encaminará para donde vamos, a la meta, a lo que soñamos y vuelvo a activarme, ya no regresaré a ese lugar, ya no hay nada para mí, sólo debo seguir adelante, porque estoy cerca y eso es lo que creo.

Tercer Pilar: No existe fracaso, sólo resultados.

Nos acostumbraron de niños al éxito, a que debemos ganar para tener el reconocimiento de los padres, familiares, amigos.

El instinto de supervivencia nos lleva a conseguir lo mejor para nosotros, y si no lo conseguimos, lo consideramos como un fracaso, esto genera una emoción de tristeza que nos lleva a tener vergüenza de no haber podido conseguir lo que deseábamos.

En un etapa de diversificación de mis negocios, había puesto un negocio de comida rápida, como es el shawarma y cono pizza, algo tan innovador para mi ciudad que me parecía un negocio maravilloso. Sin embargo a pesar de mi gran energía puesta ahí, no podía creer que uno de mis sueños se había desvanecido a tal punto de tener que cerrar el mismo.

En ese momento había certificado en Master Coach en negocio con PNL, entonces pude ver la gran diferencia que existía entre un Sebastián que podía tomar esa experiencia desde otra perspectiva, y el Sebastián que no hubiera estado preparado para recibir ese golpe.

La pregunta que generalmente te hacen en estas situaciones, tus amigos, tus conocidos, tus familiares, son las siguientes: ¿qué pasó, te fue mal?, te dije que la comida es jodida. Esas y   muchas proyecciones mas que toda la sociedad lo hace desde su mentalidad y creencias.

En este caso yo me apoyé en este pilar de PNL, me permití decir Sebastián, no hay fracaso, sólo resultados. Me di cuenta de que estaba tan apegado al proyecto, que en muchas partes del mismo, toleraba cosas con la intención de que las cosas iban a cambiar, en este caso aprendí y quiero regalarte una frase que te puede ayudar : El error de un empresario es apegarse a un sistema o a un sueño y no ver lo que realmente está pasando.

Luego de esto me di cuenta que lo negocios son creados por tu mente, sin embargo debes quererlo pero no al grado de insistir.

Me focalicé en mis otros negocios junto a mi socia y querida esposa, dejamos que se vaya, vendimos el equipamiento aplicando la ley del dar, que es dar a personas que lo requieren, aplicando la ley de la generación de espacio, sabiendo que algo nuevo iba a venir, de esta forma tome lo que se denomina fracaso como un resultado, no me afectó en nada lo que opinaran de mí, al contrario, me sentía tan bien sabiendo que si algo se va, el inconsciente y el universo iban a llenar el espacio.

Creo que si no hubiera estado preparado con PNL, no podía haber transformado esta experiencia en algo nuevo y continuar creciendo con nuestra empresa.

Creo que todo empresario exitoso, pasó por una experiencia del fracaso, hasta que entiende que es sólo un resultado y luego supera esta situación para seguir adelante, abriendo camino a un nuevo proyecto; luego uno se convierte en una persona más práctica al comprender que cuando algo se tiene que terminar, se termina. Ten en cuenta la Ley del Enfoque. Si vas a diversificar que sea alineado al enfoque principal, con esto tu energía es más poderosa para conseguir más rápido el principal sueño.

Ahora antes de hacer un negocio distinto, me pregunto si tiene que ver con el principal enfoque y si va a colaborar con el mismo, entonces en base a esto, tomo la decisión de hacerlo.

Cuarto Pilar: Detrás de toda conducta hay una intención.

Una intención es el reflejo de una emoción de querer hacer, obtener, poseer, lograr algo, eso que uno desea en mayor o menor intensidad.

Seguro que habrás visto o conocido muchas personas que tenían una intención, sin embargo el modo que usaban tal vez no era el apropiado. Cuando nos referimos a un modo no adecuado, es porque generalmente el individuo y las personas afectadas sufren.

Ángel era una persona que fue abandonado por su esposa e hijo, cuando lo conocí se veía como una persona agradable, servicial y atento.

Si no hubiera sabido de este pilar de PNL, podía haber observado a una persona ebria, que lo único que le interesaba era beber y no le importaba nada.

Así es como en general hacemos los juicios de valores, este pilar te ayuda a entender a las otras personas y a saber por ejemplo que Ángel, tenía una intención, tal vez no de sufrir, tal vez de revivir los buenos momentos con su familia, de desear volver al pasado y cambiarlo todo. Sin embargo el modo que había elegido le estaba dañando a su ser.

La pregunta es ¿por qué hacía lo mismo? La respuesta es simple, es porque no tenía opciones, no había otra manera de sacar ese dolor y el camino era la bebida.

Recuerda que el inconsciente sólo espera a que tú le des la indicaciones, que le impartas la orden de buscar opciones, para poder cambiar ese modo actual.

Seguro te estarás preguntando que pasó con Ángel, cual fue el desenlace y el final.

Ángel era un colaborador que trabajó un tiempo como casero en una finca que teníamos, aplicamos técnicas de PNL, le preguntamos a su inconsciente si él podía buscar opciones, al transcurrir un tiempo él dejó de beber, se dedicó a una hermosa huerta que teníamos, si bien nunca había hecho ese trabajo, lo logró, las lechugas, ajos, cebollas, tomates, perejil y todo lo que había sembrado creció como lo hace todo lo natural, sin esfuerzo.

Lo ayudamos para que viaje a ver a su hijo y a su esposa, fue llevando un lindo regalo a su hijo, de regreso su rostro era otro, era un hombre muy feliz.

Sin embargo un día llegó a la finca un vecino, que se hizo su amigo, lo invitó a su casa, le ofreció la vieja opción y él volvió a tomar el camino fácil, volvió a beber a tal punto, que cada vez que íbamos lo encontrábamos en estado de ebriedad. Nosotros sólo queríamos ir a pasear con nuestros hijos y amiguitos, también, por supuesto, a pasar un momento con él, a quien tanto apreciábamos. Tú en este momento dirás, a lo mejor, que bueno o que malo es Ángel, eso es polarizarte. Luego de un tiempo vendimos la finca, y no se pudo ayudar a Ángel, ya que no se puede ayudar a alguien que no quiere ser ayudado, el camino es más fácil de lo que parece cuando quieres cambiar, soló le debes dar la orden al inconsciente y él te dará una serie de alternativas u opciones, que si la llevas a cabo, te puedo asegurar que vas a reemplazar lo que él te determine y vea conveniente para ti.

Siempre cuando veas a una persona con un comportamiento cualquiera que sea, alcoholismo, ladrón, estafador, infiel, violento, siempre hay una intención. Sin embargo su proceso mental no sabe de otra opción y vuelve a realizar lo mismo una y otra vez. Si aprendiste esto, y te sirvió, debes entender a la otra persona antes de juzgar, o tú mismo, no seas duro contigo mismo, si estás viendo que no estás bien en un aspecto de tu vida, sólo cierra los ojos y di ya no quiero estar así, inconsciente por favor te pido que me ayudes y que me des opciones para reemplazar esto por otra experiencia que me haga sentir la misma satisfacción que siento, escuche y vea lo mismo, sin embargo haciendo algo nuevo, distinto, que no dañe a nadie si lo estoy haciendo, y sobre todo que no me dañe a mí mismo.

3. Anclarse

El ancla es un término usado en PNL, representa un momento en donde tus neuronas han grabado todos los sentidos, eso es lo que tu archivo mental tiene disponible y traerá en el momento en que tenga que tomar una decisión en una determinada situación que se te presente. El ancla puede ser positiva o negativa.
Mientras dure esa situación o experiencia, una neurona grabará, completará su capacidad de almacenamiento, comunicara a la otra neurona que continúe grabando, y así sucesivamente. Todas los registros grabados por las neuronas en esa situación representan un engrama neuronal. Que es el archivo que quedará guardado en tú mente.
La cantidad de anclas que tenemos influye en nuestros comportamientos, por ejemplo, un día en que en la escuela la maestra se dirigió a mí en una forma burlona y todos mis compañeros se rieron, cada segundo que pasó en esa experiencia mis neuronas grabaron en visual, auditivo y sensorial, es decir, grabaron sus gestos de carcajadas, escuchaba sus risas, y mi estómago me dolía, sentía mis manos cerradas soportando la tensión. Esa situación es la que impidió participar en futuras clases con esa maestra. Pasado un tiempo, con sólo cruzarla y que me mire se venía a mi mente ese momento que pasé y que como dije marcó mi participación en futuras clases.

Si has vividos esa experiencia o tal vez alguna aún más desagradable, una de las técnicas que debes usar de PNL se denomina línea de la vida, la cual la explicaré de la siguiente manera: deberás por última vez abordar de nuevo esa situación, es decir dar una orden a la mente para que traiga ese recuerdo, te debes ir a esa etapa de tu vida, la cual puede ser en tu niñez o bien más cercano a tu presente.

En ese momento debes cerrar los ojos, ir a ese momento, escuchar, sentir y ver como sucedió, es como volver a vivirlo, en ese momento debes mencionar los recursos que necesitabas, tal vez compresión, protección, amor, apoyo, paciencia; una vez que lo tienes identificado, debes alejarte de la situación y verte tú como un espectador, entonces te acercas a ti mismo y te das un abrazo, y sólo sentirás una paz contigo mismo, luego al tener ese nuevo recurso y aplicarlo para esa situación, veras que tu mente al ver una nueva intención transformará lo que pasó en algo superador, luego debes alejar la situación hasta hacerla mínima, con una luz blanca, viendo tu rostro y el de los demás felices.

Esta es una de las técnicas más poderosas de PNL, ya que los resultados son asombrosos, porque no volverás a esa situación por más que quisieras, ahora tu mente ha cambiado el archivo pasado por el que acabas de grabar y cambiar el engrama que tenías y que te frustraba.

4. Ser el espejo para agradar a los demás

En PNL, tenemos una herramienta poderosa, una joyita diría yo, es el RAPPORT, una técnica que te permitirá congeniar con el inconsciente de otra persona.

Simplemente debes ser un espejo, es decir si una persona que está al lado tuyo se mueve, tú como un buen espejo también te mueves en esa dirección, y de repente esa persona lleva una mano a su cabeza y tú también lo haces, luego si la persona mueve la cabeza, tú también lo haces, es importante que lo hagas sin que la otra persona se de cuenta.

El inconsciente de la otra persona dice lo siguiente: oh! ésta persona me agrada, porque hace lo mismo que yo. Esta técnica es muy agradable, la aplico cuando mi hijo está en un estado emocional, y quiero ayudarlo, comienzo a realizar los mismos movimientos que él y luego lo hago más explícito como repetir sus mismas palabras, el comienza a reír y sale del estado de emoción en el que estaba.

Otro ejemplo es el abrazo de mi esposa, el cual se hace extenso cuando repito su misma caricia, realmente es sumamente agradable, pruébalo y verás lo espectacular que mejora tu relación.

Puedes aplicarlo con tu jefe o con un cliente, verás que te convertirás en una persona persuasiva y respetada.

5. Sé lo que quieres ser, con el modelaje

Cuando pensé en explicar una de las técnicas que hace grandes cambio en PNL, como es el MODELAJE O MODELING, se me ocurrió explicarlo con Mystique de la fabulosa saga de X-MEN.

Ella tocaba a alguien y tomaba la forma de esa persona y podía engañar a todos y lo mejor lo guardaba en su memoria para usarlo cuando quisiera, ¿que te parece si te digo que tú puedes hacerlo, que puedes modelar o copiar a la persona a la que quieres parecerte?

Con el Modeling se puede lograr, sólo debes tener en cuenta que NO puedes modelar personas que ya se encuentran muertas.

Hoy con youtube, se pude ver prácticamente a todos los famosos, exitosos, deportistas que gentilmente te regalan horas y horas de su tiempo mostrándote parte de su éxito, sólo están ahí para que lo tomes. ¿Cómo hacerlo? Sólo tienes que mirarlo y no cuestionar lo que están haciendo, es decir que no preguntes y te respondas porqué lo está haciendo de una manera u otra, solo míralo y míralo sin preguntar.

Si deseas convertirte en una persona de éxito debes primero elegir y observar a alguien que tenga el éxito que te gustaría gozar. Comienza a observarlo detenidamente, sin preguntar, recuerda, sólo mirarlo, y tu inconsciente sabrá que hacer.

Debes también saber que no se puede modelar en forma completa a esa persona que elegiste en todo, ya que puede ser un gran empresario, científico, deportista, sin embargo no es un gran ejemplo como padre, amigo, etc.Es decir que sólo debes modelar en el área que más se destaca y por supuesto que tú hayas deseado.

Si recuerdas y viste la película, Mistique copiaba la forma de una persona para un determinado propósito y luego para otro objetivo tomaba la forma de otro.

Esto me ocurrió cuando fui consciente de que estaba modelando sin darme cuenta, y de que existía esta técnica. Estaba modelando al Gerente de una empresa petrolera en donde trabajaba y ¿como lo hice? Nos reuníamos en una conferencia de gestión y era la primera vez que un Gerente me permitía asistir, y como era nuevo para mí, sólo lo observaba y no cuestionaba nada, luego me di cuenta de que mis comportamientos, mis tomas de decisiones y mi forma de gestionar se parecían mucho al estilo de él; cuando vi el modeling en mi certificación como Coach, pude darme cuenta de que había experimentado el modelaje personalmente.

Este Gerente que se llama Adrián, es extraordinario y tal vez sin ser consciente, él tenía reuniones tres veces a la semana con su equipo, y eso era espectacular ya que le permitía que su equipo lo modele, entonces se podía ver que sus líderes estaban completamente alineados y se comportaban igual que él, tomaban las decisiones de la misma forma.

6. El Arquero. Aprende a manifestar tu intención

La forma de trasmitir lo que deseas al Universo es semejante a disparar una flecha; cuando tensionamos la cuerda, es el momento donde nuestro cuerpo siente el deseo de quererlo, nuestra respiración se contiene por un momento y nuestros ojos nos permiten apuntar y cuando ya lo sentimos, pum… disparamos.

Esta es una bella forma de explicar cómo debes tú solicitar los deseos, ya que una vez más, cumple con la ley del desapego, ya que el arquero que en este caso eres tú, tensa, apunta, contiene y dispara, luego por más que quieras no podrás dirigir la flecha con tu vista, en ese momento es donde decimos que hay que dejarlo al Universo. Esto debe representarse como la confianza que uno debe tener en que la flecha llegará a donde él arquero quería que llegue. El Universo se encargará del "cómo", tú encárgate de pedir el deseo.

También podemos imaginar que las flechas son los pensamientos, son aquellos raciocinios positivos lleno de esperanza y fe que emitimos al universo y queremos que se hagan realidad.

Ten en cuenta que el pensamiento es la flecha, sólo debe largarla sin pensar o analizar, recuerda que el "cómo" no lo sabes tú, de eso se encarga el universo.

Ejemplo, quiero un viaje al Caribe, sólo debo pensar e

imaginarme en el caribe con los seres queridos, puede ser mi pareja e hijo tal vez, y listo… ya largaste la flecha, corta el pensamiento y pasa a otra cosa, luego vuelve a hacerlo en el día, con otra imagen, por ejemplo, ahora cenando en el restaurante, listo a otra cosa. Así puedes ir cargando, mi querido arquero, con todas las flechas en tu espalda lista para ser disparadas, cada saeta es un sueño, un pensamiento, un deseo de lo que quieres. Con este método podrás ir cambiando los pensamientos negativos de tu día y podrás modificar tu mentalidad.

Hay personas que no quieren tomar el arco, y si lo tienen, no disponen de flechas. Es porque no saben lo que quieren, o a veces no albergan las fuerzas para tensar el arco, o simplemente lo atirantan y se convierten casi en estatuas, ya que se quedan pensado todo el tiempo en elegir la trayectoria adecuada y si el viento está a favor, estas son las personas que no se arriesgan.

Tú amigo, ¿qué vas a hacer con este arco?

Si tienes un arco, es que seguro puedes caminar, hablar, reír, ver, tienes brazos, sientes, está completo, ESTAS VIVO, hay otros que no tiene el arco, que nacieron sin ese arco, sin embargo están llenos de flechas, están llenos de sueños. Y crean en esta vida su propio arco, como Nick Vujicic.

Por favor leer primero este párrafo, luego recuerda lo que puedas y hazlo con los ojos cerrados pensando en tu sueño, en ese sueño que tanto deseas.

Toma ese arco que te dio el creador con toda la seguridad, con todo el agradecimiento de estar vivo y completo, míralo, siéntelo en tu mano, respira y di: esta vez yo puedo, con tu otra mano saca de tu alforja esa flecha, mírala, en ella esta uno de tus sueños, el más importante, el que deseas con todo tú ser, colócalo en el arco, tensa, contén la respiración y sólo di; quiero esto Universo, gracias y suéltalo con toda la fe que se cumplirá, y deja de pensar, sólo quédate con esta parte y mira la flecha salir con toda la fuerza que tú le diste, ahora deja que el Universo la dirija y haga que se cumpla tu sueño.

7. La línea de la vida.

Es una técnica de PNL que nos permite ir a una situación que de una forma nos marcó o bien recordamos siempre y que en el momento de tomar una decisión dicha situación influye bastante en las acciones que tomaremos.

Por ejemplo, un día de juego de niños, una niña, llamada Paola, se pone a jugar a las escondidas con sus primas y amigos mientras su prima María cuenta; ella quiere ser la última en ser encontrada por lo que se esconde en una heladera vieja que su abuelo había dejado para que en esos momentos que nunca se llevan a cabo la arregle. Por suerte de Paola que el refrigerador tenía una pequeña rendija que se le había retirado que le permitiría respirar, pues al cerrar la puerta el refrigerador quedó bloqueado sin poder abrir la misma. En ese momento el pánico comenzó a tener protagonismo, una neurona comienza a grabar en visual, que en este caso es la oscuridad, lo auditivo que son su propios gritos que no son escuchados, lo sensorial, los golpes a la puerta, el sudor en su frente. La neurona tiene un almacenamiento, luego deja de grabar y continua grabando otra neurona, esta sucesión de grabaciones de las neuronas se denomina engrama y es lo que marcará a futuro a Paola. De tanto buscar, de repente Gabriel y su perro Fortachón logran escuchar los golpes que daba Paola de la desesperación. Gabriel corre estirando su brazo y baja la palanca de la vieja heladera y se ve caer a Paola con sus ojos lleno de lágrimas y a su vez agradecida de haber sido rescatada. Se abrazan mientras Gabriel grita al resto que encontró a Paola.

Sin duda que ese recuerdo quedó grabado mediante un engrama en la mente de Paola, pasados unos años ella sufre de claustrofobia y prefiere subir la escaleras en vez de usar el ascensor, como también de noche duerme con la luz del velador, transpira apenas se ve amenazada de una situación similar. A todo esto ella como adulta a olvidado lo que le pasó cuando apenas tenía 7 años, sobre todo que el grupo de niños no había comentado nada a los adultos por riesgo a una reprimenda.

Ahora una persona como Paola puede que recuerde o no lo sucedido, entonces en estos casos la aplicación de la línea de la vida es perfecto para sacar esas anclas negativas que se presentaron en su vida.

Recuerdas que cuando uno quiere modificar algo en el pasado, solemos decir "si pudiera volver atrás y cambiar lo que paso". Es exactamente lo que podemos hacer y es por eso que la línea de la vida es una técnica ideal que puedes usar.

El ejercicio es cerrar los ojos, sentir tu respiración, volver al momento en que pasó la situación, sentir los ruidos, recordar las imágenes, si es posible sentir los aromas, recuerda que puedes ser consciente de ese momento o bien tu inconsciente se encargará de llevarte a ese momento, él sabe que lo que te está molestando y quieres cambiar, ahora mírate en esa situación, tal vez una discusión con un ser querido, me escucho ya mismo decir todas esas palabras que no quería decir, siento ruidos de llantos, la situación está fuera de control, ahora me miro como si estuviera viendo una película, me pregunto qué es lo que necesitaba en ese momento, tal vez callarme, es decir tener paciencia, recordar que amo a esa persona, abrazarla , acariciarla, decirle todo lo que la amo, que el problema no es más importante que el amor que siento hacia ella o él, entonces me veo abrazándolo o abrazándola, veo su rostro y mi rostro en paz, esa persona ahora me saluda y se retira, me dice adiós y gracias.

Ahora, luego de ese ejercicio, dime cómo te sientes, y verás la magia de lo que es volver al pasado y cambiar las escena de lo que te está atormentando o bien te detiene a hacer algo en el presente que te gustaría y desearías hacer.

Practicar la línea de la vida, es reprogramarse y lo puedes hacer todas las veces que quieras, cuanto más práctica, la mente luego lo hace en forma automática. Por ejemplo hay algo que al terminar el día no te gustó, te das cuenta porque es como un trago amargo, es algo que te gustaría haber hecho o bien haberlo dicho de una forma distinta, entonces tú mente al tener práctica, vuelve de inmediato a esa secuencia, arma la situación, la cambia como te gustaría haber sido, se da cuenta lo que necesitaba en ese momento, las personas saludan, hay paz, y luego vuelves. El cambio es veloz, sólo son segundos, el corazón recibe un impresionante estímulo que me da una sensación de bienestar, de armonía, recuerda que al final del día podrás cambiar en tu mente

todo aquello que no te gustó, imagínate de que si esto
lo haces todos los días, podrás reprogramarte y terminar
el día con paz.

8. Tú decides cuán grande quieres ver la montaña

La distancia en la que te paras frente a la montaña, es lo que te define como ves la montaña, en algunos caso puedes estar lejos de ella a kilómetros, en esa posición se la ve pequeña, en cambio si estas al pie de la misma, te darás cuenta que realmente es inmensa y si la quieres escalar te darás cuenta de que implicará mucho esfuerzo.

Ahora bien, que pasa si inclusive estás en ella y ya iniciaste su ascenso, te cuesta, ves hacia abajo, está lejos, no quieres bajar, ves hacia arriba, estás lejos todavía y te preguntas si vale la pena seguir.

Y que pasa cuando llegas a esa gran montaña, es muy probable o casi seguro que no haya muchas personas, tú sentirás que estás en la cima sin embargo no hay muchos para que te digan que bien lo has hecho.

A diferencia de lo que tenemos en nuestra memoria de que a la montaña hay que subirla y lograr el éxito, en este caso lo he usado para representar como vemos un problema y qué importancia le vamos a dar.

De mi depende, y yo elijo, si quiero ver el problema chico me posiciono lejos, lo veo de lejos y no pasa nada. Es chico, me doy la vuelta y sigo con mi vida.

Si estoy más cerca, tal vez porque la circunstancia o mayor información que me llegó me puso en esa posición, también decido puedo alejarme o puedo emprender y seguir, pero esta vez ya no miro, esta vez lo voy a vivir y sentir, ya que voy a estar subiendo, caminando, luego escalando y mi cuerpo esta vez estará sometido a esfuerzo, resistiré, me dará ansiedad de terminarlo, en fin el problema habrá logrado tomar a mi cuerpo y someterlo a la experiencia y tal vez a dañarlo.

Cuando estoy en la montaña, como dicen ya estoy en el baile, lo que no fui consiente, es que esa montaña puede ser inmensa y me llevará días, meses o años, en escalarla, y como es una montaña imaginaria, tal vez se haga tan grande para mí que no tenga fin y llegue al último día de mi vida sin poder haber llegado.

Cuantas personas conoces así?, que han decidido subir a la montaña terminando con un infarto, una enfermedad, el cuerpo fue sometido por la mente a una experiencia crítica en donde sus células sólo recibieron esos días, dolor, esfuerzo, ansiedad, angustia, soledad y todos los condimentos necesarios para no tener la felicidad.

Cuando te dije que subes sólo, realmente no es tan así, ya que a tu lado está una parte tuya, que es la que tal vez te metió en este problema y se llama EGO.

También te acompañará el APEGO, ya que el 80% de este problema estará relacionado a la ambición, el poder sobre los demás, la codicia, etc…

Las afirmaciones y pensamientos que tienes en tu mente son los siguientes, es mío, me lo merezco, no se va a salir con la suya, que se piensa, ellos tiene la culpa y se lo voy a demostrar, tiene que hacer lo que yo le digo, etc…

Como bien sabes, en donde hay bien, también existe el mal y viceversa, por ende lo mejor en este caso es

no polarizarte, que esto es bueno o esto es malo, es un gran paso a la conciencia.

Con esto quiero decir que en la montaña también estará tu Ángel, tu inconsciente, la información en tu célula de transcendencia de tus ante pasados que te dirán que estás haciendo. Por ende tratará de equilibrar tu energía y te pedirá que regreses, que ya fue suficiente, que hay que descender y que todo estará bien.

A mitad de la montaña, tendrás la oportunidad de bajar y olvidar, son esos momentos que reflexionas y dices: no vale la pena, quiero dar un abrazo a mis seres queridos, amigos o a quien fuese, te liberas y liberas a las otras personas y a ti mismo.

Y sin embargo decides seguir, bueno amigo o amiga, creo que ya sabes lo que va a pasar, y no lo escribo, ya que no deseo que experimentes eso, porque deseo lo mejor para ti, la decisión la tiene tú y siempre tú. Y recuerda que también eres responsable de lo que decidas.

9. ¿Qué le falta a tu éxito? Déjamelo decírtelo

El éxito es tal vez el trofeo que queremos todos alcanzar, sin embargo la percepción de cada uno definirá que tipo de trofeo es lo que queremos tener en nuestra manos, entonces la pregunta es ¿será el mismo trofeo para todos?

Imagínate una olimpíada, tiene tantas disciplinas que la que se puede imaginar el humano, al final de la misma todos serán exitosos, algunos por llegar y otros por ganar. El nadador sentirá el éxito de ser el mejor en el agua, el atleta será el mejor corriendo, el lanzador de lanza será el mejor con su brazo y su estilo.

Todos ellos tendrán su éxito, y estarán orgullosos del mismo, inclusive el que está en la tribuna tal vez se sienta exitoso de formar parte de un evento tan importante para la humanidad.

En este ejemplo vemos y somos conscientes que ellos son exitosos, sin embargo en distintas disciplinas, cada uno en la suya.

En la vida pasamos buscando el éxito y a veces hay gente que muere pensando que no lo logró, otros logran el éxito y se sienten que ya están sobrando en este mundo porque ya no hay más para ellos.

En mi reflexión pude entender que a esa palabra Éxito le falta una palabra adelante:

Es la palabra: MI ÉXITO, es el que yo logré en cualquier aspecto de mi vida y estará en función de mi percepción, y es mío porque yo lo he creado en mi mente, sin importar si para lo otros es grande, chico, importante, bello, etc… puede ser hacer una torta, correr una maratón, formar una empresa, recibirme, ser padre, ser lo que tu imaginación lo proponga, porque en esa dirección se dirigirá tu energía.

Mi éxito, de alguna forma, me representará en una etapa de mi vida y como tal, mi vida estará llena de Éxito, soy un éxito desde que me dieron la vida, hasta que muera.

La persona que dice que nunca tuvo un éxito, está en un error, todos somos exitosos, sólo que la publicidad nos lleva a ver que el exitoso es el que viaja en jet privado, ese es el modelo que nos influyen a seguir; el éxito puede estar en una persona que hace un lindo pastel, y que al hacerlo con pasión, y compartirlo en una mesa familiar, puede ver los rostros de sus seres queridos y amigos, diciéndole que es el mejor pastel que probaron en su vidas, y no falta un comentario optimista que le dice, deberías poner una casa de té con estos pasteles, te harías millonario, bueno si esto no es un éxito que es entonces un éxito.

Sólo debes observar un poco en lo que haces y te darás cuenta de que haces cosas maravillosas en tu vida, que te hacen sentir bien y a su vez también hacen sentir bien a los demás, compartir tu éxito es un gran gesto de dar.

10. La película de "mi vida". El observador y el segundo observado.

Somos actores en la película llamada "mi vida", somos las palabras llenas de emoción dentro de un libro escrito por nosotros mismos, somos la tierna marioneta sobre un escenario dirigido por nuestra mano y a su vez la misma por nuestra mente, sin embargo un actor que actúa no puede ver el escenario completo, sólo sabe lo que tiene que decir, sentir y expresar. En esta película a veces te designan un libreto y debes limitarte a ese papel, puede ocurrir que no sea el adecuado para ti, sin embargo actúas y pones todo de ti; es posible que desees otro papel, el del que la pasa un poco mejor en la película, ese actor o actriz que se juega más, que tiene el aliento del público, el que el director prácticamente escribe para él, ese es el personaje que anhelamos. Ahora, puede pasar todo la película con un papel mediocre y no dejas de ser esa persona, sigues y sigues hasta el último momento, hasta que el director dice la última escena y acción.

Luego llega el momento de verte en la película, ahora es cuando eres el observador de la película que formaste parte, la película no es otra cosa que tu vida, la película dura lo que dura tu vida y es cuando al ser observador ves que pudiste haber tenido otro papel, que podrías haber dado más, y te vas al inicio y te preguntas quien eligió por mí, donde estuvo mi Representante, en qué estaba pensando él y yo? Te das cuenta de que al no elegir, alguien eligió por ti, y solo tú te dejaste llevar y cuando menos pensaste, ya habías formado parte de una película para otro. A esto le llamo Conciencia, ser el observador de cada momento de la película en que estás actuando, y ¿qué pasaría si pudieras ser actor y director, si pudieras vivir en dos lugares a la vez en el mismo momento? Uno actuando, siendo tú, tomando acción, haciendo las tareas, poniendo todo lo que tienes que poner para que cada día estés mejor y mejor, y por otro lado siendo tú mismo el director, sabiendo y en este caso siendo consciente que como director te dices a ti mismo que debes hacer esto y otro, para poder lograr el objetivo.

Parece que hasta ahí estamos, que hasta ahí lo logramos, es la película perfecta, ahora, ya soy lo que quiero ser, el actor protagonista, de acuerdo, entonces eres tu propio observador, y que pasa si ese libreto no es de tu agrado, no termina de convencerte, entonces te das cuenta que falta un eslabón más o un escalón, o más concreto, un observador del observador.

Eso quiere decir que también puedes ser el escritor, ya que el director va a responder a cada guión del que este escriba, y ahora sí mi amigo, tienes toda la conciencia de ser el responsable y tener las herramientas para hacer tu película a tu manera y como tú lo quieras, en esta película escribirás y volverás a borrar tanta veces quieras una escena, hasta que obtengas lo que deseas, y tendrás la película de tu vida.

La vida es eso, tú actuando en esta realidad que sólo es un resultado de un observador, que dirige todo en base a lo que han generado tus propios pensamientos, a su vez el director u observador pide al segundo observador que escriba lo que el actor está solicitando, el segundo observador escribe y genera una realidad en base al universo que luego lo vivirá el actor.

Por eso amigo o amiga, tus deseos siempre se harán realidad, y tu película terminará como tú quieres que termine.

Hay algo que siempre recomiendo, es escribir todos los días lo que quieres, lo que está próximo y lo que quieres a largo plazo, escribe algo que esté en armonía y alineada con tu emoción y un deseo.

Lo que escribo es porque lo quiero en mi vida real, y mi mente dirige mi energía, para que tome acción en base a lo que deseo.

11. El dinero es energía

La pregunta que te quiero hacer es: ¿qué es el dinero para ti?

¿Qué puedes hacer con el dinero? ¿Cómo viene a ti? ¿Cómo lo entregas tú?

¿Es tal vez sólo papel? ¿Es un ancla positiva o negativa? A simple vista es papel impreso, sin embargo tiene un gran significado, ya que es uno de los grandes ejemplos de la ley del dar y de recibir, ya que no se trata de dinero si no de energía.

¿Qué debemos hacer para dar y recibir esa energía? Primero es eliminar el apego al dinero, lo cual es una de las barreras tal vez más dificultosa, ya que desprenderse de dinero, es para la mente quedarse al descubierto, en la incertidumbre, con necesidades y todo lo que la mente te quiera indicar para que no tomes la acción del dar y sólo recibas. El río fluye y así es como debe fluir el dinero, ya que todos los días mencionamos el dinero, lo anhelamos, lo deseamos, lo culpamos, de una manera u otra el dinero está presente en nuestros días.

Entonces si está, es que es importante, repito, en forma positiva o negativa, nuestra energía está impregnada en el mismo, y donde va nuestro pensamiento va nuestra energía. Si te quedas con esa energía, es como cerrar el dique y no dejar fluir el dinero, entonces el dique se llena y se fisura, sólo estamos recibiendo y no dando.

Tranquilo, no te pongas incómodo, es natural en esta

vida ya que siempre estamos buscando seguridad, es sólo un tema de ejercicio, como todos los comportamientos, a veces no tenemos que darle tiempo al pensamiento y lo sorprendemos con una acción, es decir damos sin pensar, luego la mente y el pensamiento se dan cuenta que no pasó nada, que no nos quedamos desnudos y con hambre, que el mundo sigue girando y que seguimos pensando lo mismo y que la vida sigue fluyendo.

En ese momento vemos algo hermoso, en pocas horas o días, recibimos algo de otra persona, hacemos un negocio, viene el dinero hacia nosotros.

Lo contrario pasa cuando la energía o el dinero que tomas no es tuyo, te lo prestaron, te lo dieron en forma de un objeto, lo adquieres y viene con una intención, si se cambia la intención y retienes ese dinero o lo usas con otro fin, al ser energía te comenzará a consumir, ya que esa energía debe volver o circular con un fin. Un ejemplo que pude observar: vi un caso de red de mercadeo donde a ciertas personas se les daba una determinada cantidad de ropa para que inicien su negocio, la intención era ayudar a esa gente dando dinero en ropa, había quienes vendían esa ropa y volvían a llevar más y así multiplicaban su dinero o bien la energía que se les había provisto. Sin embargo había personas que tenían otro patrón, se le daba la ropa en las mismas condiciones, en este caso la vendían y no devolvían el dinero o energía, de todos ellos se escuchaba una excusa muy similar, la tuve que gastar porque se enfermó mi hijo, mi hermana, mi madre, etc… ésto me llevó a escuchar que siempre eran casos fortuitos de urgencia, que al fin a cabo, se podía percibir que si bien tenían una intención de regresar el dinero, cambiaban la intención para otro destino y cuando lo estaban por concretar, surgía estos imprevistos que hacían gastar la energía en los mismos. La energía o dinero debe estar en movimiento, debe dar y recibir, esa energía en movimiento ayuda a muchas personas, no trates de detener el río a tu favor.

12. Tú puedes ser una GEMA, sólo de ti depende

Esta es una técnica poderosa que desarrollé para que puedas focalizarte, lo primero que tienes que hacer, es ser consciente de que la mente divaga, y muy fácilmente puede salir de foco.

La GEMA, representa y engloba a las piedras hermosas como el diamante, esmeralda, rubí y zafiro. En dicha Gema, la percepción del humano ha definido que al ser tan bella, conlleva con la misma un gran valor, algo que apreciamos y tal vez que queremos poseer.

La palabra Gema, es algo que visualmente te puedes acordar e inclusive visualizar por la belleza que hemos mencionado, entonces cierra los ojos y visualiza la gema que quieres ser y el tamaño, elígelo y recuérdalo.

Bueno, el próximo paso es analizar la primera letra de la palabra, la G. La palabra G, desde ahora representara la palabra GANADOR O GANADORA, en ese momento que estés tomando una decisión, realizando un pensamiento que te incómoda, te harás esta pregunta: estoy pensando, estoy decidiendo, ¿me estoy comportando como un ganador? ¿O me estoy comportando como un perdedor? Y bueno tú eliges. Automáticamente te darás cuenta de que tu foco vuelve y restablece la motivación, la energía, se activa una parte de tu mente y te responde, no, yo no soy un perdedor, ¿y entonces que estás haciendo? De ahí inmediatamente viene una acción que corrige la situación.

Imagínate si lo haces todos los días...

La segunda letra es E, y representa a Empresario, Emprendedor o Ejecutivo, te dejo que la elijas.

Ahora cada vez que hagas un negocio, un emprendimiento, tenga que resolver un problema de gran coste, y te vengan pensamientos como, ¿me irá bien?, ¿saldrá bien el negocio?, ¿estoy capacitado para este desafío? Voy a pensar en la primera letra que es GANADOR, correcto, YO SOY UN GANADOR y ahora se suma la segunda EMPRESARIO, YO soy un EMPRESARIO que gana, me comporto como tal.

Pasamos a la tercer letra, la M, si te imaginas, dilo, es correcto es la Letra que premia a las otras dos, MILLONA-

RIO, YO SOY UN MILLONARIO, claro que sí, entonces cuando estés pensando, podré pagarlo? ¿Se merece tanta propina?, ¿Mejor algo chico? No, no, me acuerdo de la gema y digo YO SOY un Ganador, un Empresario, un Millonario y me comporto como tal, así es.

Vamos con la última, la que me conecta con el universo, con todos, porque soy parte del todo, me conecta con el creador, esa hermosa palabra es AGRADECIDO, claro que sí, YO SOY UN AGRADECIDO, tomo ese pensamiento que dice: no es suficiente, no voy a dar porque no tengo, este auto viejo no sirve.

Y le digo, YO SOY un agradecido de lo que tengo, porque sé que vendrá algo nuevo mientras yo agradezca, yo agradezco tener mucho dinero para poder ayudar a miles de personas, yo agradezco poder darle a mi Familia lo que desean, YO SOY UN GANADOR, YO SOY UN EMPRESARIO, YO SOY UN MILLONARIO, YO SOY UN AGRADECIDO… YO SOY UNA GEMA… SOY LA GEMA QUE MI CREADOR PUSO EN LA TIERRA PARA EMBELLECER MI VIDA Y LA VIDA DE MILES.

13. Aplicando los filtros mentales

Sólo observa a tu alrededor y te darás cuenta de algo interesante, todo lo que usas y los beneficios que tienes a tu alcance, están creados por la mente del hombre.

En este caso me gustaría compartirte 2 ejemplos.

Uno es la Radio. Para poder realizar la comunicación debe haber un emisor y un receptor.

Sin embargo antes que exista la radio, la humanidad se comunicaba.

Ahora, las personas trasmiten energía, como un trasmisor que trasmite ondas en el espacio con información y por supuesto un receptor la recibe.

Si tú emites energía positiva o negativa a otra personas ésta la recibe y viceversa.

En mi experiencia y profundas reflexiones, estando concientes de este razonamiento, me propuse a experimentar yo mismo, como siempre, soy mi propio conejillo de India. Me daba cuenta que cada vez que tenía una discusión recibía una energía negativa con la imagen de esa persona, en ese caso sabía que dicha persona estaba enfadada conmigo, entonces le pedía disculpas y le decía que lo siento. Además ponía la imagen de Jesús y sentía que esa energía se disminuía y ya podía estar mejor, me sentía mucho mejor y percibía un equilibrio armónico en mi interior, a esta técnica le llamo el FILTRO MENTAL.

La discusiones siempre van a estar, pero si eres consiente de este razonamiento y evitas las discusiones te darás cuenta que estarás mejor y tu energía no se verá disminuida, ya que esa energía al interferir con la tuya se restan.

Es más fácil discutir, competir y enviar o recibir energía negativa, ahora ¿qué pasa si ejercitamos enviar energía positiva, hablamos bien, pensamos bien, ayudamos, damos, escuchamos y amamos a los demás?. Esa energía volverá a ti, amplificada, es decir energía que se acopla y se suma a tu beneficio.

Comienza hoy a practicar enviar energía a personas que conoces, para que les vaya mejor, encuentren lo que buscan o desean, o también porqué no ir un poco más allá, enviar energía positiva a traves de pensamientos a personas que no conoces, puede ser niños de África que no disponen de agua y alimentos, o bien lugares que fueron devastado por huracanes, países en guerra, gente que requiere restablecer su salud, etc... hoy ya sabes como ayudar, ¿qué vas a hacer?

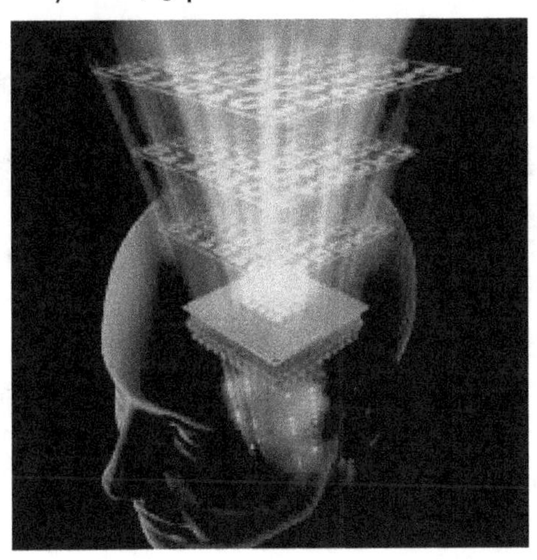

14. El Dique y el Río

Cuántas veces poniendo resistencia a las experiencias que nos pasan en la vida, y que hubiera pasado si en vez de resistir, hubiera aceptado y me hubiera embarcado a una nueva experiencia.

Poner resistencia a las cosas es generar estrés en nuestras vidas, una forma muy práctica para explicar la misma es mediante la representación del dique y el río.

A veces somos un dique, por lo tanto ponemos resistencia al Río que fluye, sin embargo, poner resistencia a la energía puede iniciar pequeñas fisuras en mis paredes, si continúo en esa posición con el tiempo esas fisuras crecerán, es por ello que debo dejar fluir al río en algún momento, para ello debo abrir las compuertas y cerralas cuando ya lo haya liberado.

¿Cuántas veces nos pasa en la vida?, que por ser obstinado nos negamos a abrir las compuertas, eso nos daña, nos genera conflictos, hay que entender que si liberamos las compuertas, liberamos estrés, preocupaciones y dolor.

Recordando que en determinadas situaciones somos dique, y si somos conciente de abrir las compuertas, nuestra calidad de vida irá mejorando, obteniendo una paciencia que nos traerá la paz y la virtud de ser tolerantes.

Si te imaginas un dique, cada vez que se te presente un problema, sólo piensa en abrir las compuertas, ten el

valor de decir: de acuerdo te voy a dar lo que buscas, tienes razón que las cosas son así, lo voy a hacer, nada están importante como parece, voy a ayudarte, estoy de acuerdo, de acuerdo lo hagamos, y muchas respuestas positivas que por más que pienses que te van a generar pérdidas de tiempo o pienses que vas a perder algo, experimenta decir repuestas positivas que harán que liberes tensión, lograrás abrir las compuertas para dejar fluir el río, ese río que no dejará de empujar, que cada vez tendrá más energía y que terminará haciéndote daño.

Estimado amigo, ésta es una de las técnicas que he creado y que han ayudado a muchísimas personas, que lograron liberarse de años de estar con las compuertas cerradas y que estaban lleno de fisuras que luego se convirtieron en grietas que terminan dañando el dique, es decir terminaron dañando a la persona.

La habilidad de no polarizarse, es decir la flexibilidad de tener cambios en nuestra posición, nos dará excelente resultados en nuestra calidad de vida.

Esas dos posiciones a que me refiero, es que a veces somos dique y a veces somos ríos.

Sin embargo en la vida también somos río, en constante movimiento, energía que fluye, nos movemos en una dirección y como somos ríos, existe en nosotros vida, peces, vegetación que se beneficia con lo que somos.

En ese momento cuando somos río, llegamos al dique, el mismo tiene cerrado sus compuertas, como río comenzamos a empujar, ya que está en nuestra naturaleza, no detenerse, queremos fluir, continuar con nuestra dirección hacia adelante.

Tenemos al dique que nos detiene, entonces insistiremos hasta que abra sus compuertas y nos deje pasar. O bien desbordaremos por los costados del dique y volveremos a tomar el curso y seguir hacia adelante.

La belleza de lo bipolar lo vemos en este hermoso ejemplo, debemos tener la habilidad o trabajar para obtenerla, de tal forma que seamos dique o seamos río.

Quieres alcanzar lo que deseas en esta vida, quieres pelear por lo que crees que te corresponde, ser suficientemente abundante como ese río caudaloso que viste alguna vez, lleno de peces, dando alimento al pescador y su familia, ser abundante para que las nubes se llenen de tus vapores y lleve tus aguas a otro lugar y ¿porqué no? generar otros ríos, poder traspasar fronteras entre ciudades, o entre países y seguir siendo abundante, ser reconocido por todos lados, en ese caso debes ser el río, lleno de energía y pujante que nadie te detenga.

Ahora, cuando debas detener o bien contener a alguien, debas afrontar una situación, tener la mente tranquila, saber esperar el momento, hacer que la energía aumente y que la sientas, entonces deberás ser un dique, sin embargo debes saber cuándo debes abrir las compuertas, o en caso contrario sentirás como se fisura tu cuerpo, es cuando comienzas con dolores, enfermedades, frustraciones, a tal punto que ya no tendrás control de la compuertas porque será tanto el stress en el que estás sometido que no podrás soportar y entonces verás que la compuerta se destruye, el río pasa y no se detiene. Y si tienes la suerte o fuerza de resistir verás que el río crea su propio camino y desborda, son esos momentos en que tu ego te dice: él no podrá continuar sin mí, solo depende de que yo le abra las compuertas y yo decida cuando hacerlo. Ese es un gran error, ya que cuando el río quiere y desea continuar, lo hará de algún modo, inclusive a veces desapareciendo, evaporándose y haciéndose nube, para luego derramar sus aguas y volver a ser río.

Ahora, a partir de mañana cuando te levantes, o bien como digo cuando te armes y vuelvas a ser una persona distinta de ayer, debes saber que puedes ser río o puedes ser dique, que ya no tendrás una sola opción, ahora tendrás dos y podrás alternar las veces que sea necesario, es decir usar la bipolaridad para lograr fluir en esta hermosa vida.

15. El Río y la nube

¿Cuántas veces estuviste cerca de un río y lo observaste?, muchas veces su paisaje era el mismo, el río estaba siempre ahí, con su paisaje alrededor que lo hace fantástico, sin embargo el río es una imagen, ya que todo el agua que viste un día, ya no es la misma agua al siguiente, porque ese agua que viste ya siguió su camino, continuó fluyendo, es lo que nos pasa cuando vemos nuestro crecimiento, nos vemos igual siempre, sin embargo hay cambios en nosotros que solo se pueden observar en el tiempo. Cada día el río cambia su agua y dejar de ser el mismo, así somos, como el río, cambiamos día a día, nos ven igual, pero somos distintos porque estamos fluyendo constantemente.

Con esto quiero explicarte que aunque te vean igual, tú siempre estás cambiando de movimiento, siempre tendrás oportunidad de mutar, de renovarte, de reinventarte, de fluir y de liberarte.

Un día, mientras apreciaba una tarde soleada, observé una nube con una forma particular. Lo que me sorprendió es la reflexión que hice sobre la misma, pues una nube es algo que parece estática, sin embargo está en constante movimiento, al transcurrir un tiempo cambia de forma y al otro día no habrá una igual ni tampoco estará donde estaba; este sencillo ejemplo nos muestra que el universo está en movimiento, nosotros al igual que las nubes estamos en movimiento, cada segundo dejamos de ser lo que éramos para ser parte de un todo, porque el todo está en constante movimiento, cuando un día te digas que sientes que no avanzas, recuerda que como la nube, tú estás cambiando de forma siempre.

Entonces ya seas un río o una nube, nunca serás igual, así es como eres tú, cuando digas yo soy así, o quieras tomar una decisión en el presente, con experiencias del pasado, estás en un error, ya que tú no puedes ser la persona del pasado. Es como el agua del río que ya no existe, ya el lugar físico lo ocupan otras partículas de agua, siempre estás en constante renovación, como esas partículas de agua son tus células que siempre se están renovando. No te lastimes pensando que nunca podrás cambiar, siempre cada día serás otra persona, de ti depende que seas la persona que quieras ser.

16. Hoy es un Gran Día

En una profunda revelación, en mi vida apareció una frase que es muy poderosa, que tal como lo hizo conmigo espero que puedas tú lograr un cambio y pases a vivir una vida llena de experiencias positivas. Durante todo este libro te iré guiando para que lo disfrutes, ya que como digo siempre, mi misión es trasmitir vivencias, experiencias y ensayos que yo mismo hice para luego ofrecer a personas como tú y que lo puedan aplicar en sus vidas.

En la constante búsqueda de repuestas, una mañana vino a mi mente una afirmación, que me dijo "Hoy es un Gran Día", entonces comencé a reflexionar en la misma y a ver qué pasaba si comenzaba a repetirla.

Cerré los ojos y me imaginé recibiendo ese dinero que quería y decía Hoy es un Gran Día, luego me imaginaba que el día era único y el resto no importaba, sólo me centralizaba en el mismo, y podía ver un estado emocional que me hacía sentir espléndido, ya que como me mentalizaba a que Hoy es un Gran Día, me sentía como una persona que había ganado la lotería.

Al decir Hoy es un Gran Día, estás en una frecuencia que atraes grandes experiencias, como aquel día de descanso de un fin de semana que nos dirigíamos al Valle de Acambuco , uno de esos lugares que visitas y vuelves con otra energía. ¿Por qué me parece?, bueno, ¿cuántos lugares conoces donde no hay internet, ni energía de red, el agua viene de vertiente, y las cerros están cubiertos de un manto verde, pasteados por bovinos, caballos y ovejas, que se entremezclan en armonía?

Lugares como Acambuco, son aquellos en donde los gauchos adoran a su santo San Santiago a caballo, se hace bailes de silla a caballo y las tradiciones son el motivo perfecto para que los pueblerinos se reúnan a disfrutar un asado, empanadas de gallinas y a compartir sus vivencias. Sin embargo es la magia de su gente la que da significado a ese bello lugar, es por eso que este lugar es una fuente de energía.

Ese día cuando viajábamos en nuestro vehículo en un hermoso camino de montaña rodeado por la yunga, veníamos repitiendo que Hoy es un Gran Día, la verdad es que lo queríamos poner a prueba, ya que el día anterior se lo había compartido a mi esposa, cuando de repente vemos un remolino que aparecía y desaparecía, mientras de fondo escuchábamos a Mozart el músico de Dios. Fue uno de esos momentos que la naturaleza te hace un regalo, porque estás en la misma frecuencia que ella.

La danza del remolino se extendió por un gran rato y lo que lo hacía impactante era que el evento ocurrio en un descampado en donde, al ser quemado para su sembradío, había cenizas por lo cual el remolino se hacía más visible: fue una de las dos demostraciones que percibí en ese gran día, la segunda fue otro bello regalo de la naturaleza, cuando al detenernos en una capilla de un Santo del pueblo llamado "San Ramón", en el frente de ella los lugareños realizaban una limpieza para festejos patronales. Mi esposa se acerca y observa un árbol añoso muy diferente a los otros, en su tronco se observa el rostro de un hombre con barba; desde ese día lo recordamos como el hombre árbol, creo que solo una frase o mantra como Hoy es un Gran Día, nos pudo haber llevado a vibrar en una frecuencia que nos permitió sintonizar con ese día, para ser parte de dos grandes experiencias. imagínate si mencionamos este mantra todos los días, sin duda que recibiremos lo mejor del universo, ya que estamos abriendo la mente a grandes posibilidades.

17. Afronta tus objetivos como la tortuga de mar

Me acuerdo de aquel día en el hermoso México, cuando en un parque natural observé el nado espectacular de una tortuga, también había una pileta en donde estaban las tortugas bebés. Fue uno de esos días en que uno se queda contemplando y reflexionando, y me pregunté que puedo aprender de esta especie fabulosa. Comencé a investigar y el resultado fue sorprendente, pues comprendí que nos enseñan cómo alcanzar nuestros objetivos.

Una tortuga pone hasta 1000 huevos en un promedio de 9 nidos (cada 2 a 4 años), eso se puede comparar cuando cientos de emprendedores inician un negocio sabiendo que pocos llegarán a tener un negocio estable. Las tortugas tienen sus propios riesgos, que son por ejemplo los cangrejos, sus principales depredadores, y las mareas que pueden desarmar sus nidos.

Comparación: al igual que la tortugas que tiene que afrontar los riesgos mencionados como los cangrejos y las mareas, el emprender o empresario debe enfrentar los primeros riesgos como son los impuestos, los costos que pueden aumentar y desarmar el negocio.

Luego de 2 meses comienzan a romperse los huevos, las tortugas comienzan a arrastrarse y pasa algo muy interesante: ellos se guían hacia el brillo del mar, es donde quieren dirigirse y llegar, sin embargo si hay algo más que brilla tierra adentro pueden dirigirse hacia ese lugar y equivocarse de dirección, por ejemplo el brillo de las luces de una ciudad. Comparación: Un negocio cuando pasa una determinada etapa puede llegar a equivocarse de dirección y fracasar.

Las tortugas se dirigen por la arena y pueden ser acechadas por aves marinas, pájaros y cangrejos.

Comparación: El negocio sigue avanzando, sin embargo los riesgos siguen estando.

Finalmente la tortuga llega al mar, en la cual el riesgo es aun mayor, en este caso los peces y tiburones.

Comparación: Al tener el negocio de mayor tamaño, la competencia es mayor.

Los años perdidos de las tortugas, son aquellos en donde no pueden sumergirse en el mar y esto dura las primeras semanas, luego de unos años la tortuga puede nadar velozmente para escaparse de sus depredadores y por fin puede estar en su habitat, en donde luchó para llegar.

Comparación:

Es cuando un negocio tiene el crecimiento suficiente como para mantenerse en el mercado y logra moverse velozmente en el mismo.

Seguro que lo más fácil para las tortugas y los negocios, es haber nacido en el mar o iniciarse con el éxito. Sin embargo nacen en una condición distinta a la que quisieran: son muchos pero llegan poco, evaden los obstáculos y riesgos, toman correctamente la dirección y logran llegar al lugar deseando la "abundancia", la libertad financiera, la libertad de viajar… en fin la libertad de haber elegido en esta vida y no que elijan por uno.

18. El carril del atleta

Cuando doy conferencias, o bien realizo Coach, disfruto mucho usando el ejemplo de este fabuloso deporte que es una gran inspiración al enfoque.
Ahora imagina una pista de carrera de 100 metros llanos. ¿Que ves? Hay carriles, esos carriles separan un corredor de otro. ¿Es así?
Ahora imagina que tú eres uno de esos corredores, recuerda que solo podrás correr por tu carril, no puedes interferir en el carril de tu competencia, eso muestra que uno solo puede concentrarse en lo que puede hacer dentro de ese carril. Esto significa que debemos movernos dentro de lo que podemos tener control y no en lo que no podemos controlar, el carril es el enfoque, es el camino a la meta, en un minuto darás todo lo que horas, días y años de entrenamientos pasaste, sólo tú lo sabes, y sólo ganará aquel que visualizó la victoria y disfruta el proceso de la carrera, es la fe inmensa de saber que lo lograría.
Un atleta de alto rendimiento se prepara 4 años para una olimpíada, te puedes imaginar la fe que está construyendo todos los días, son 4 años para que todo se desarrolle en segundos en una pista, su mente está pensando nada más que ganar, no hay otras opciones para un deportista de esta característica que sólo ganar. Cuando es el momento de la largada, veo no solo una competencia física, también veo gran competencia mental, el

que mejor se haya preparado mentalmente será el ganador, al que no se le haya cruzado ni un pensamiento de que se le puede escapar de la mano esa victoria.

Tú crees que un atleta está esperando o cuenta con que su competidor se tropiece o se lesione, él sólo depende de sus recursos, de su mentalidad, de su esfuerzo.

¿Qué esperas? Elige tu carril, concéntrate en correr por el mismo y disfruta del poder que tienes y no dejes de dar lo máximo cada día, para que en el momento de la carrera no te arrepientas de nada. Los grandes logros llevan su tiempo, en este caso 4 años. Recuerda lo que debes entrenar para lograr tu objetivo o cumplir tu sueño, debes ser consciente de que llevará un tiempo de 4 a 5 años, tal vez un poco más un poco menos, por ese motivo, los grandes dicen que si vas a soñar que lo hagas en grande, elige bien tu sueño y sobre todo ten presente para qué lo haces.

19. Expectativas con las personas

En este capítulo quiero que seas consciente de lo que deseas, por ejemplo tu sueño, tu meta, tu objetivo, tu amor o lo que quieras, y lo que se manifiesta en la realidad.

La expectativa está siempre relacionada al apego, a la proyección que hacemos de la otra persona. Esto quiere decir que la intención que nosotros ponemos en la otra persona es en realidad lo que nosotros queremos en ese momento. Uno de los grandes ejemplos es el efecto Pigmalión, que es pura intención que proyectamos en la otra persona, alentándolo, elogiándolo, haciendo sentir bien a la otra persona, de tal forma de que continúe, a pesar de sus errores, ese individuo como sabe que hay alguien que lo alienta y tiene fe en él, él seguirá y los errores se reducirán, hasta que en un determinado tiempo y dependiendo de la constancia de esa proyección, se convertirá en una proyección de lo que la persona que aplica el efecto Pigmalión deseaba.

Esto puede ocurrir en forma consciente o inconsciente, esto se ve muy a menudo en los deseos de los padres que quieren que su hijo termine un sueño o realice una carrera profesional que ellos deseaban, en este caso el efecto es más fuerte, ya que tiene unos de los condimentos más importante, el amor de los padres que es compasivo, por lo que apoyarán a su hijo en forma incondicional. Un padre que lleva a jugar a su hijo al fútbol, proyectará en su hijo vivencias y creencias que tiene con respecto a ese deporte, en su inconsciente tratará de que su hijo logre lo que él no pudo cuando tuvo la oportunidad, de ahí que ocurre que muchos padres llevan a sus hijos a distintos clubes o bien realizan grabaciones para poder enviar a representantes, sus expectativas crecen, también la presión y exigencia hacia el hijo. Ser consciente de que tu hijo, no es tuyo, si no de la vida, es desapegarse, es liberar y liberarse.

Está en nuestra naturaleza crear nuestra realidad y en ella debe haber otras personas, con las cuales deseamos crear nuestra realidad, ya que consideramos que son parte de la misma, es entonces cuando proyectamos nuestras inquietudes, y en cuanto el otro no hace lo que queremos o requerimos, la tomamos como una amenaza y comenzamos a discrepar pues no está cumpliendo con lo que tenemos en mente, todo esto pasa en un plano inconsciente. Esté mal o esté bien, eso dependerá de la circunstancia que se presenta y sólo se podrá opinar en base a lo que uno percibe.

Tomemos un caso, Juan es un Gerente de una empresa, en la que hay varios Jefes de Unidad de Negocios.

Pedro es uno de esos jefes. Juan había puesto, como se dice todas las fichas en Pedro, en estos años le había aplicado el efecto Pigmalión en forma inconsciente, ahora delante del resto de los otros jefes, Juan es más tolerable con Pedro, y el resto de los jefes comienza a percibir que es así.

En forma natural siempre lo hacemos, ya que Pedro es

lo que más se acerca a la realidad de Juan, ya que Juan lo hizo a su semejanza.

Lo que uno debe ser conciente es que esto lleva a un apego, y puede ser que Pedro en el futuro cambie, sea influenciado, o simplemente deje de recibir ese estímulo o no le sea suficiente, en ese caso la proyección o el programa, como lo menciono más adelante, reaccione y de repuesta a Juan en forma errónea, en ese caso Juan por su apego tomará ese reflejo y tal vez si lo introduce a su realidad, la misma se vea afectada.

Tener apego extremo o expectativa alta hacia otra persona puede llegar a ser contraproducente, las personas sienten y dentro de ella, todos los días tienen pensamientos y emociones.

Resolver esto es más fácil de lo que parece y la integridad es uno de lo valores más importante para conectar entre dos personas y mantener una excelente relación sin necesidad de tener un apego extremo.

Ser integro, es hacer lo que dijiste y pensaste. Muestra a la otra persona tu proyección en forma clara e íntegra, sin necesidad de generar una intención y convencer, para que hagan lo que a ti te beneficia, sólo muéstrale tu sueño, idea o proyecto o bien hazle sentir el aire que se respira aquí, para ver si esa persona está dispuesta a respirar el mismo aire que tú estás respirando.

Ellos elegirán, y te seguirán, entonces creerán en ti, y el sueño ya dejará de ser tuyo para convertirse en un sueño colectivo; ese sueño cuando más grande sea, mas recursos y gente necesitarás que piense lo mismo.

Si alguien no elige tu sueño o bien tiene comportamientos que no están de acuerdo, recuerda ver la montaña

de lejos y déjalo ir, deja que esa persona proyecte o reciba proyección de lo que quiere, es libre y eso se llama desapego, no resistas, no temas perder a alguien que no comparta tus ideas, siempre llegará alguien, depende de ti, depende de tu fe y de tu energía.

En nuestra empresa, aprendimos a ser concientes y dejar ir a personas, lo cual siempre genera un degaste de energía, sin embargo el resultado es que vinieron otras, que tal vez eran mejores; o bien lo podemos decir de otra manera, personas que atrajimos y que tenían las habilidades y aptitudes que deseábamos. Y también están las que hay que cuidar, porque proyectan y vibran igual que tú. Esas personas son las que tienes que ayudar a que cumplan también su sueño fuera de la empresa o en el entorno en que están, recuerda que ello esperan de ti y tú al ser abundante darás. Es similar a un sistema de una computadora, al antivirus detecta una amenaza en el sistema y envía a eliminar al virus para que el sistema siga funcionando como está programado.

Somos una computadora, ahora la pregunta es quien nos programa, ya que si cambiamos la programación, tal vez ese virus, ya no es tal, sino algo sin importancia. Una computadora normal de oficina, responde a un programador, de acuerdo a lo que queremos en nuestra computadora son los softwares que instalaremos, si me gustan los videojuegos, o me gusta dibujar, o me gusta ver películas, etc…y la mayor parte de la memoria estará destinada para lo que más deseas.

Tienes que saber programarte día a día, para estar mejor. Siempre habrá virus que amenazan, no es el tema eliminarlos, si no la rapidez con que uno lo elimina, ya que permitirá que el sistema tenga el menor daño posible, es ahí donde radica la diferencia.

En el plano material, es tal vez más fácil, ya que la proyección la reemplazamos por visualización y las cosas materiales responden y aparecen en forma más armoniosa, y siempre que estemos agradecidos y tratemos bien las cosas, ellas responderán a nuestros deseos, y cuando las tengamos que liberar, será con el deseo de que le sirva a alguien más .

20. Las dos preguntas mágicas

A veces nos encontramos con situaciones que nos molestan, o bien un día que no se concretó como hubiéramos querido, siempre queda ese gusto amargo.

En uno de esos días y de tener tantos pensamientos, me surgieron dos preguntas para poder acomodar las emociones dispersas que tenía, esas dos preguntas son:

La primer pregunta: ¿De todo lo que pasó, qué fue lo positivo?

La segunda pregunta: ¿Qué aprendí de todo esto? Ya que nada es casual y por algo experimenté está situación.

Ahora les acerco una experiencia que me compartieron y creo que tiene algo sumamente positivo.

En una charla con mi suegra y mi esposa, ella nos cuenta de un viaje que realizó a una ciudad de Bolivia, ubicada en la frontera muy cerca de donde vivimos en Argentina. Cuando estaba de regreso con su hijo, cruzando el Control de Migraciones lo detienen a Nicolás, y le solicitan que los acompañe a un cuarto privado; el oficial mira a mi suegra y le dice que no hay de qué preocuparse. Sin embargo ella estaba invadida de una profunda angustia por la situación, entrando en un proceso en el que pensaba de todo.

Al salir el oficial le explica la situación, su hijo fue elegido como testigo de un importante secuestro de droga que le hicieron a una persona y que debía asistir al juzgado cuando lo citen.

¡Qué situación¡ A medida que nos contaba, no dejaba de ver que la experiencia que pasaron fue aterradora, que ahora debía ir a la justicia, y repetía que justo a Nicolás lo habían elegido y porque no habían elegido a otra persona. De repente se me ocurre preguntarle, ¿cuál fue el lado positivo de la situación?, ella se queda pensando unos minutos y nos invade un silencio. En el cual vuelvo a realizar la misma pregunta, ella responde que no le pasó nada, y que pudieron llegar a casa los dos, en cuanto me iba a quedar con esa repuesta, se me ocurre volver a preguntar. Hay algo más de positivo en la situación. Y la guío para llegar una reflexión aún más profunda.

¿Qué era lo que habían descubierto? Droga.

¿Y si no la hubieran descubierto? ¿Cuál hubiera sido el destino?

Hombres, mujeres y adolescentes, que iban a consumir dicha droga y por consecuencia realizarse un daño.

Te das cuenta que a veces puede estar escondido lo positivo, que resultó ser muy interesante y a su vez una causa de solidaridad de parte de Nicolás con la fuerza fronteriza a una justa causa.

¡Que aprendimos? Nuestra mente está acostumbrada a ver en primer lugar lo negativo, uno descubre que quedándose con lo positivo y hacerse esta pregunta, desaparece por completo lo negativo y uno se siente con una gran paz interior.

Recuerda y cambia el patrón en tu vida, siempre hazte una de las dos pregunta mágicas ¿qué hay de positivo en esta situación?

La segunda pregunta es ¿qué aprendimos de la situación o experiencia que vivimos?

Esta simple pregunta, rompe y pone en cuestionamiento el ego, es decir, la idea que siempre tenemos la razón, que ya lo sabemos todo.

Lo que aprendimos, también lo podemos analizar desde la ley del Karma, es decir esa situación tenía que pasar y las personas que participaron las debían conocer para poder aprender de ellas, ser consciente es tener la gran oportunidad de aprender y cambiar un aspecto de nuestras vidas.

Por ejemplo Manuel es una persona que tiene el deseo de prosperar, pero sabe que no está encontrando la forma de generar ingresos. De pronto conoce a José, es un tipo próspero, lo raro es que lo conoce en el banco, mientras esperan ser atendidos, José le comenta de sus negocios, hablan de algunos detalles de lo que él hace para cerrar una venta y así tocan temas de gran interés sobre todo para Manuel.

Luego se despiden y cada uno sigue su vida. Manuel llega a su casa y para él fue algo cotidiano lo que le pasó.

En general así es como pasamos los días de nuestra vida, como si fuera normal. Sin embargo que pasaría si Manuel llega a su casa y se hace una de las dos preguntas mágicas. ¡Que aprendí de José, y para que apareció en mi vida? Ese análisis te permitirá hacer grandes cambios en tu vida, también es importante saber separar el trigo de la paja, ya que muchas veces no podemos llegar a descifrar lo que tenemos que aprender de esa persona o situación, porque vemos los defectos o lo que nos no gusta de la otra persona y cerramos la mente. Ver un poco más allá de la niebla es la virtud de un buen observador, saber que debe recorrer algo más para poder ver lo que hay detrás del telón de niebla.

Dale una oportunidad a las personas y a las situaciones, deja que fluya, siéntete a veces como un extraterrestre que no conoce nada de este mundo, solo fluye y aprende lo maravilloso de esta vida.

21. El guerrero cansado

El guerrero cansado, representa la persona que de tanto luchar se da cuenta que el enemigo es uno mismo, que ganar y derrotar a su enemigo es destruirse a sí mismo. En un momento de la batalla, en donde su cuerpo se detiene, sus rodillas ceden y caen sobre el suelo, con la cabeza gacha, en su mano derecha sujeta la espada que se clava en la tierra al caer.

Sus ojos se cierran, comienza a sentir su respiración, y en ese momento sus ojos se llenan de lágrimas, siente la paz interior por primera vez, se pregunta qué lo llevó ahí, sin embargo no siente rencor.

Al abrir sus ojos, encuentra a su lado, tirado y sin vida, el ego, aquel que lo había guiado en una cruzada que no existía. El guerrero se acerca, mira al ego sin vida, pone suavemente su mano en los ojos del ego y los cierra, y le dice simplemente gracias, ahora voy a seguir solo.

En alguna parte de nuestra vida, de nuestro despertar o bien cuando alcanzamos un grado de conciencia, nos damos cuenta que la vida fluye y que no es necesario luchar o forzar las cosas a nuestro favor, como vemos las cosas es como queremos que sean.

El guerrero cansado es aquel que gana la batalla de su vida sin levantar su espada, sin lastimar a nadie, sólo confiando en su inconsciente, sólo en su fe, sólo en que lo que piense se hará realidad en cualquier momento, que todo se hará cómo lo establezca el universo, sin preocupación, sin miedo y sin duda.

Si hoy estas luchando, ten en cuenta de bajar la espada y alejarla de tu vida, ya que si la tienes en la mano, estoy seguro de que la vas a terminar usando en algún momento.

En conferencia me preguntan cómo me doy cuenta de que estoy luchando.

Una de la manifestaciones es tu cuerpo, se siente agotado como que nunca alcanza, nunca alcanza el tiempo, nunca es suficiente.

Lo ves todo como que no se hace, que no se acomoda, tu cuerpo se comienza a cansar y tu mente no para de tener diálogo interno.

El ego es lo que te impulsa a la lucha, si dejas que te controle te verás en medio de una guerra. No forzar es la mejor elección, solo hay que dejar fluir las cosas.

22. Integridad, la llave de la paz interior

Siempre estamos pensando en que podemos hacer esto o aquello, luego de esta etapa pasamos a un segundo plano que es decirlo, le decimos a las personas que tal vez estén involucradas, en que voy a hacer esto y aquello, y de ahí queda el tercer paso que es el que consolida las dos acciones mencionadas y tal vez la más difícil, el hacer lo que pensé y dije que iba a realizar.

¿Cuántas personas conoces que hacen esto, y cuanta veces ponemos nuestra integridad en juego, la negociamos? La falta de Integridad genera grandes conflictos mentales, esos conflictos nos llevan a diálogos internos largos y tendidos como se dice.

Cada vez que pasa el tiempo observo que la Integridad, decir, pensar y hacer lo mismo, es cada vez más difícil. La integridad, es como el cuento de la rana y el escorpión, en donde el escorpión le pide a la rana que le ayude a pasar el arroyo. La rana con cara de desconfianza le dice que no, definitivamente no, ya que le iba a picar, entonces el escorpión le dice cómo crees, no te das cuenta que nos vamos a morir los dos si lo hago. Entonces en esta situación el escorpión lo pensó, le dijo a la rana que no haría nada que los perjudique, sin embargo a mitad del arroyo, cuando todo iba bien, la rana siente el aguijón en la espalda, a medida que se iba paralizando, la rana logra mirar al escorpión, y le dice porque lo has hecho, ahora moriremos los dos, el escorpión con una tristeza grande, le responde: es que yo soy así.

La integridad es uno de los valores más importante para evitar tener conflictos interiores, podríamos decir que la integridad es la llave que abre la puerta que nos conecta a la paz interior.

El pensar es algo interno, es una intención, ahora cuando lo digo lo decreto, lo pongo en manifiesto a los demás y cuando lo hago, lo llevo a la acción, esta acción de hacerlo está acompañada de la emoción del corazón.

Cuando pienses y estés hablando con alguien e inclusive cuando estés hablando contigo mismo, hazte una pregunta ¿lo digo?, ¿vale la pena decirlo?, si lo digo lo tendré que hacer, en ese momento, eres consciente, te darás cuenta lo prudente que comienzas a ser.

En otras ocasiones como por ejemplo ayudar o dar a alguien, pasa a ser una experiencia única, lo piensas, no lo dices y luego pasas a la acción, simplemente das o ayudas sin decir nada, el corazón habló por ti, esto es amor.

¿Quieres ver cuán integro eres o quieres ser?, ve y piensa en regalar o ayudar a un niño, que puede ser tu hijo también, luego díselo, dile que le regalarás el juguete de moda o que lo ayudarás con una tarea, luego tus obligaciones te llevan a olvidarlo, veras como ese niño te dice tú me lo prometiste, tú lo dijiste.

Los niños son íntegros y por ende ellos te harán saber cuan integro estás siendo en la actualidad. Desarrolla tu integridad, comienza a encontrar la llave de tú paz interior.

23. ¿Barrilete o cohete?

En el momento de definir lo que quiere una persona , la clasifico como persona Barrilete o persona Cohete.

Si encuentro una persona y le pregunto qué quiere de su vida en este momento, la persona cohete, me dice en forma precisa que quiere ser, por ejemplo encuentro a un joven en una universidad y le pregunto qué quiere ser, me responde un Ingeniero Electrónico, en ese momento puedo quedarme con esa repuesta, sin embargo quiero saber si es un cohete o es un barrilete.

Entonces existe un diálogo muy interesante.

Pregunta Pascual: ¿para qué quieres ser un Ingeniero Electrónico?

Repuesta de Joven: Para ser alguien en la vida.

Pregunta Pascual: ¿Y qué te hace pensar que no eres alguien?

Repuesta de Joven: Sin Repuesta

En este caso, este joven asistía a la Universidad, es decir, en lugar adecuado, sin embargo, está presunta persona cohete no tiene un "para qué".

Por ejemplo mi caso personal, fui a la universidad, no obstante mi "para qué"era recibirme, ingresar a una buena empresa, tener un gran sueldo y con eso formar mi empresa; a mí personalmente me sirvió, por lo cual me recibí de Ingeniero, ingresé en una empresa petrolera y formé junto a mi esposa una empresa, ahora tal vez podría haber conseguido dinero para formar la empresa y no hacer semejante carrera, bueno lo que quiero explicarte es que a veces el "para qué" puede ser más estratégico, más conservador etc… sin embargo debe haber uno propio, ya que si no lo hay, es muy probable que tomes el "para qué" de alguien cercano a ti, y termines haciéndolo para complacerlo.

Las persona cohetes son visionarias, y dirigen el cohete los más lejos posible y van en esa dirección.

Ser un Cohete, es tener dirección, saber que al salir de la tierra para llegar a la luna debes recorrer 384.400 km en tres días y trazando una trayectoria determinada, el combustible no puede ser de menos. El combustible de una persona Cohete es el "para qué".

¿Conoces personas cohetes?, entonces aprende de ellos, ya que debes dar dirección a tu vida y no te preocupes de no llegar, varios cohetes no llegaron, sin embargo hasta la actualidad se siguen lanzando, es porque todavía sigue intacta la esperanza y la fe.

Las personas barriletes, son tal cual como un barrilete.

¿Alguna vez hiciste volar un barrilete?, se siente en tu mano que va de un lado a otro.

Ser Barrilete, es aquella persona que se deja llevar por el viento en todas las direcciones, pasa alguien, le cuenta algo y se engancha con ese tema, alguien le comparte un problema y él lo compra, su tiempo pasa sin hacer nada por él y menos por lo demás.

Recuerdo las entrevistas laborales que tenía en la empresa, para las cuales aplicaba PNL, y tal vez la más efectiva en el momento de seleccionar personal.

Nuestras búsquedas era para puestos de vendedoras, y durante la entrevista, se hacía una pregunta, ¿qué

es lo que más te gustaría ser en la vida? Esta es una pregunta de PNL, directo al inconsciente, algunos se olvidaban para que iban, y decían los que sentían, por ejemplo: quiero ser abogada, doctora, profesora, enfermera, etc…

Sin embargo, no decían quiero ser vendedora, entonces la próxima pregunta era, ¿y para qué estás aquí?, ¿y qué te impide seguir lo que quieres?, esas dos preguntas hacen que la persona reflexione, alguna de las repuestas eran porque no tenían dinero, no les fue bien, los padres no lo apoyaron, etc…, estas son la personas barriletes, quieren algo, sin embargo van en otra dirección, son arrastradas por el viento.

Si bien podemos cambiar de dirección, es muy importante no hacerlo en forma permanente, un objetivo o una dirección bien establecida por una persona cohete, lleva entre 5 a 10 años, generalmente es a largo plazo.

Una persona barrilete, cambia de dirección en días o semanas, en el cielo un barrilete se puede observar como va de un lado a otro, es cambiante, en cambio un cohete se lo ve en el cielo yendo siempre en una misma dirección en cualquier momento que uno lo observa.

Ser un Cohete, es tener dirección.

Recuerda que el "Para que" es el combustible de las personas cohetes, es lo que los impulsa hacia los objetivos, y sólo quieren ir en la dirección que eligieron.

Desde ahora que vas a elegir, ¿ser persona barrilete o persona cohete?

24. Tú eres la máquina perfecta que no sabes usar, hasta ahora. El proceso de una persona.

Es sin dudas el apoyo y empujón de PNL para que puedas despertar y ser consciente de que siempre estás en un proceso, vives todo el día en un proceso que puede ser positivo o negativo.

Para seguir profundizando déjame explicarte a qué me refiero con un proceso negativo y luego pasaré a un proceso positivo.

El proceso de una persona está contemplado de 4 pasos. Primero la persona piensa (primer paso), luego se emociona (segundo paso), tiene comportamientos y estrategia en base a ese pensamiento y emoción (tercer paso) y finalmente obtiene un resultado (cuarto paso).

Imagínate que un día estás caminando, de pronto ves algo brillante que te llama la atención, te acercas cada vez más y observas que es una máquina que se encuentra suspendida en el aire, tiene el tamaño aproximado de un vehículo, entonces miras a los costados para ver si hay alguien, te das cuenta que nadie te está mirando, no tienes un recuerdo de haber visto algo parecido, por lo cual no sabes si seguir acercándote o es mejor alejarte de ella. Observas que hay botones y luces, sin embargo está todo con símbolos que no reconoces, te surge una curiosidad inmensa de ver cómo funciona y para qué fue diseñada. Sin embargo no tienes el manual, ni las instrucciones de cómo ponerla en marcha.

Te parece sorprendente encontrar una máquina sin manual. Bueno, nosotros también somos similares, somos una máquina perfecta, sin embargo en muchos casos no disponemos de un manual para explicar cómo funcionamos. Con los cuatros pasos de un proceso de pensamiento de una persona, como bien lo explica PNL, podemos conocernos un poco más e iniciar la búsqueda de mejorar nuestro funcionamiento; si entramos en un proceso negativo, saber que lo estamos, que podemos detenerlo y hacer una reprogramación, un reset y comenzar de nuevo, quedamos impresionados cuando vemos un auto, una computadora, un avión, etc., funcionar, nada nos debería impresionar, ya que ellos son semejantes a nosotros porque nosotros los hemos creado con nuestros pensamientos.

Conócete, no importa que te equivoques, y si no encuentras el manual, entonces comienza a escribir uno en base a tus experiencias, en base a lo que aprendes cada día, mejora tu rendimiento, realiza un manual de mantenimiento para que te cuides y puedas seguir dando lo mejor de ti, dale el mejor combustible a tu máquina, estoy seguro que entiendes ahora que eres una máquina perfecta y que sólo debes accionar el botón de encendido.

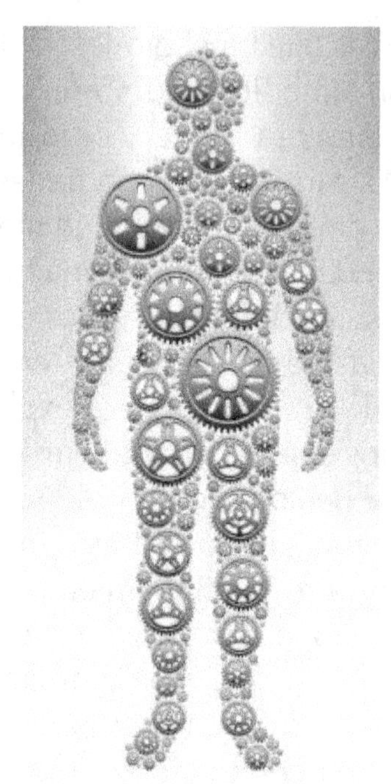

25. En cada momento de tu día, eliges

Cualquiera sea la situación, el drama, la circunstancia, el escenario que ocurra en tus días, debes elegir.

En este momento te explicaré una de mis reflexiones o hallazgos que realicé luego de tantos tropiezos, sobre todo buscar un análisis o una respuesta.

Una forma de vencer esa voz interior que te atormenta, preguntando si hiciste bien o si hiciste mal, por supuesto basada en la creencias, en la experiencias, en lo que te dijeron, lo que aprendiste, lo que aceptaste, en mi caso era más fuerte, tan fuerte que el proceso era en forma inmediata, se presentaba la situación y en forma automática, como cuando arranca un generador de emergencia, yo arrancaba al instante, y en base a mi creencias, que en muchos casos eran negativas, entonces terminaba haciéndome daño, a veces con remordimiento tomaba una decisión que me llevaba a estar horas dando vuelta en lo mismo. Sin embargo, un día me di cuenta que el generador de emergencia cada vez que arrancaba lo hacía justamente, como lo dice su nombre, de emergencia, y por ende la opción más rápida era buscar el culpable, la supervivencia, las cosas que me beneficiaban sin importar las consecuencias, entonces me pregunté que pasaba si desconecto el generador de emergencia, estaré en una situación en la que me quedaré sin energía ¿y ahora que voy a hacer?, bueno a eso me refiero, esa angustia, esa desesperación, esa necesidad de tener una solución o respuesta de forma inmediata, de decir algo, es lo que nos lleva a tomar acciones que luego me darán un resultado negativo y que cambia nuestros días, estos resultados no son beneficiosos para nadie.

El desconectar me permitió eliminar la emergencia, me permitió intercalar un interruptor entre el generador de emergencia y la situación, con ese interruptor ahora, cada vez que me quedo sin energía, voy yo mismo, activo dicho interruptor y arranca recién el generador, en ese transcurso ya no existe una acción de urgencia, es como hacer las cosas más pausadas con la cabeza más fría.

Esa experiencia fue como detener el tiempo para pensar con tranquilidad, y sobre todo surgió algo tan interesante como hacerme una pregunta poderosa, ¿esta situación me hace bien o me hace mal?, desde ese momento pude elegir, decidir y cambiarlo todo, ese día elegí yo el momento de encender el generador y recibir una energía positiva, ya que solo elijo las cosas, emociones, sensaciones y experiencias que me hacen bien.

Ahora elijo el camino del éxito en mi vida y obtengo resultados extraordinarios. Tú también puedes elegir usar el interruptor para poder elegir con más tranquilidad lo que es bueno para ti.

26. Las tres fichas

Imagínate que todos los días te levantas y recibes 3 fichas, éstas tienen un valor especial, y el objetivo es que llegues a la noche antes de dormir con las tres ; en ese momento considera que has logrado algo maravilloso, no las has gastado. Ahora déjame explicarte que significa cada ficha, la primera la debes pagar en el caso de que tengas un primer enojo. Por ejemplo, te levantas por la mañana con todas las energía de que hoy es un gran día, te aseas, desayunas y comienzas el día, de repente llegas a la oficina, saludas con una sonrisa, enciendes la computadora y ves un correo dirigido a ti, en el que el sector de ventas reclama el abastecimiento de un tal producto que debías entregar y no lo hiciste, en el correo está tu jefe y el Gerente de la empresa. En ese momento comienza a ponerse en juego la primer ficha, ya que comienzas a ponerte nervioso, ya que a tú modo de ver es injusto porque le habías informado y puesto al tanto de que habría una demora, tus dedos quieren escribir y responder a la brevedad, tu ego comienza a hablar, te dice no me van a dejar mal delante de mis superiores, justo ahora que estoy por tener un ascenso. Bueno amigo, si has tenido un comportamiento similar es que ya perdiste la primer ficha, sólo te queda dos fichas en juego.

¿Ahora, que podrías haber hecho tú? Esta primer ficha te lleva a ser conciente, ya que te acuerdas de la misma y dices, no voy a gastar la ficha en esto que no vale la pena, en ese caso me alejo, voy a tomar un café, hasta que drene la emoción, luego analizo que es lo que me molesta, que no entregué el producto o que ellos piensen mal de mí, creo que la segunda, entonces que importa si yo sé lo que hice y sé lo que soy, entonces no pasa nada y mantengo mi ficha.

La segunda ficha no tiene que ver con un enojo, ahora interviene la discusión. Es cuando tienes diferencias con alguna persona, cercana a ti o no, por ejemplo estás en un proceso de solicitar un aumento de sueldo, la empresa te hizo saber que no habrá aumento de sueldo por el momento, entonces tú de alguna forma quieres exponer tu disconformidad, y en una reunión le dices a tu jefe que si quieren resultados deberían pagar más, el te responde: si, pero también esperamos más de ustedes por lo que se les está pagando actualmente, entonces comienza una discusión y tensión, acabas de entregar la segunda ficha, la de discusión.

También pueden ser discusiones tan sencillas como cuando te quitan el estacionamiento, el mozo no te atiende rápido, te insultan cuando vas conduciendo y tú respondes, hay demora en el banco y llegas a la ventanilla y te agarras a discutir con el cajero, que te mira y no entiende nada.

Entonces la segunda ficha es la discusión.

Ahora analicemos la tercera ficha, esta última que te queda corresponde a la ira, es cuando ya estás en un estado de descontrol emocional y de ti se ha apoderado el Ego por completo.

Es cuando ya sientes el descontrol por completo de tus

emociones, en algunos casos puedes llegar a la agresión, recuerda que en este momento no eres tú, si no que se apoderaron de ti la emoción y el ego; cuando pase ese momento, reflexionarás y recordarás lo que hiciste, es probable que te avergüences y te preguntes como llegaste a esa situación. Por supuesto, eso demora varias horas de pensar y pensar, eso es desgaste de energía.

La última ficha generalmente está en juego al fin del día, es cuando estás con tu familia, en ese momento vienes de gastar la dos fichas, y es probable que la gastes con tu esposa, hijos o seres queridos, es por eso que debes estar bien consciente, ya que la ira, que es la emoción más fuerte, puede que la descargues con ellos.

Este ejercicio lo he puesto a la práctica como lo hago con todo los ejercicios que hay en este libro, los resultados son extraordinarios, ya que es como que te imaginas que al despertar te sientas en la cama y miras tu mano y ves tres fichas, y así comienzas el día. Esta técnica te ayuda a despertar la conciencia, ya que cuando se presenta la primera situación, la pregunta que te haces es, ¿vale la pena gastar mi primera ficha en esta persona o situación? Es como que no entras en la emoción y te ayuda a mantener la tranquilidad y el control.

Cuando llegues a la noche con dos o tres fichas, te darás cuenta que al estar con tu familia, llegas con más energía y puedes terminar mejor el día con ellos.

Y antes de dormir, te pido que te sientes y mires tu mano y veas cuántas fichas tienes, Si no tienes alguna, no es causa de frustración, si no que debes seguir trabajando para retenerlas y en el caso que llegues con las tres, habrás logrado tener ese día el control de tus emociones por completo, y sabrás que ya eres consciente de que estás en paz con el todo, es decir con todas las personas que han formado parte en tu día.

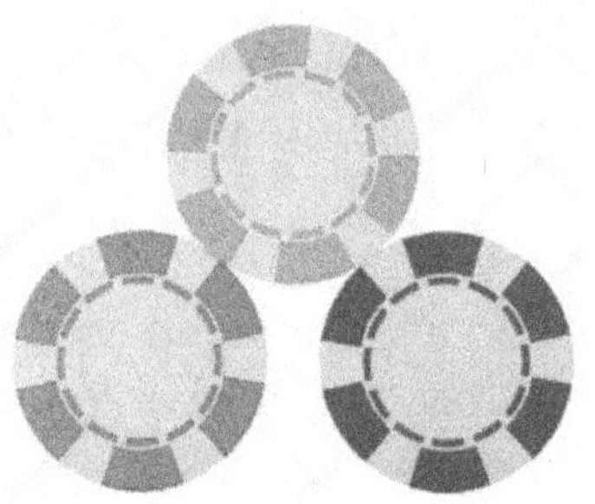

27. Tú eliges lo que comes

En la actualidad tenemos disponibles millones de alimentos de manufactura, de restaurant, de fast food, etc. Pero también hay muchas situaciones de presión y stress. El stress nos lleva a no masticar debidamente, a comer más de lo necesario, a fumar, etc. Pero veamos el lado positivo, tómalo como un indicador y ten el control de detectarlo, cuando lo hagas te estarás dando cuenta que debes baja tus pulsaciones y tomar nuevamente el control.

¿Acaso es lo mismo comer el mismo plato estando en el Caribe de vacaciones con tus seres queridos, en un día espléndido de playa, que en una reunión de negocios, en donde estás pensando en cómo negociar, resolver conflictos, gustar a las otras personas, etc…? NO. No es lo mismo.

Mi recomendación es que tengas Control en lo que consumes (calidad y cantidad) cuando estés trabajando y libérate un poco más cuando estés descansando.

Ahora la pregunta es cómo hacemos para comer sano y aun mejor también bajar de peso.

En mi experiencia aplico PNL, para comer más sano, sin embargo, también es bueno no ir de un extremo a otro.

En Argentina es común que tengamos muchas creencias alrededor de los asados, ya que son símbolos de familia, amistad, compañerismo, etc… Un asado argentino es un festín, la carne es sabrosa, sin embargo el exceso no es bueno.

Cuando apliqué PNL, quería eliminar de mi menú la carne, ya que al interiorizarme con mi esposa, y sentirlo y ser consciente, la carne quita energía, ya que al ser de un animal faenado, sus células muertas tratarán de absorber energía y lo harán en tu estómago, por eso que el organismo al digerir le es más costoso.

Al fin al cabo era una buena oportunidad para aplicar PNL, entonces comencé a experimentarlo. En PNL es muy importante reemplazar un hábito por otro que té de la misma satisfacción que el hábito que quieres cambiar.

Se dio la casualidad de que en ese entonces estábamos elaborando una finca orgánica con mi familia, el hecho de interiorizarme en la siembra de vegetales, me despertó el interés de preparar comidas con vegetales, simplemente porque le estaba dando la orden a mi inconsciente de que aprenda más de los vegetales, a sentir sus olores, a tal punto que en vez de visualizarme comiendo asado, me imaginaba comiendo ensaladas de distintos tipos, y el valor agregado era que lo hacía con los vegetales que habíamos cultivado, lo cual aceleró el proceso de cambiar el asado por los vegetales, hasta tal punto que lo logré.

En ese momento mi familia había perdido dos comensales muy importante del asado, desde ahí comenzamos a experimentar otras experiencias, uno se siente más ligero, pierde peso, los olores de uno cambian, y aunque sea increíble, disfruta los sabores.

Cuando conocí la dualidad y el concepto de la polarización, me di cuenta que no es tan bueno estar en un solo extremo, ya que en ciertas circunstancias amigos y familiares tenían que hacer dos comidas o bien nosotros llevar la nuestras, y comenzaban las preguntas y los debates de comer o no comer carnes, hasta ese momento uno sostiene la postura de ser vegetariano.

Luego me di cuenta que no es bueno ni un extremo ni el otro, sin embargo el PNL nuevamente me demostró que es una tecnología increíble para cambiar el hábito que me había propuesto.

Hoy me mantengo en equilibrio, también sucedió lo mismo con el alcohol, en este caso fue reemplazado por el jugo natural, si tal cual, el jugo natural pero compartido con mi esposas y mis hijos. Eso es lo que cambió, el complemento de la familia, sin embargo si bien no tomo alcohol, en ningún momento digo no bebo, sólo digo prefiero jugo y en el momento que tenga que beber alcohol lo haré en la medida mínima.

Muy buena salud y alimentación es lo que debes tener para el éxito y abundancia que te espera en tu maravillosa vida.

28. Si resiste, persiste

Cuando me había recibido tuve la oportunidad y el sueño de trabajar en una Refinería, era un joven Ingeniero con muchas ganas de trabajar y dar lo mejor de mí.

Tenía un excelente mentor, un Ingeniero con vasta experiencia, en ese momento tenía 65 años, y no aparentaba dicha edad, era una persona serena, tranquila, de buen humor, solidario y nos enseñaba a un grupo de jóvenes profesionales como poder insertarnos en el trabajo.

De repente un buen día tuve una experiencia que en ese momento no entendí, hasta hace poco que la comprendí. Una situación me llevó a discutir con una contratista que en ese momento supervisaba, como siempre le consultaba temas, acudí a él y le conté lo sucedido. Recuerdo ese momento pues con toda su sabiduría él me dijo UNO NO DEBE DISCUTIR JAMÁS, en ese momento sólo fueron palabras.

Hoy en día, me doy cuenta del significado de ese consejo, ya que uno al resistir o discutir persiste, es decir la mente queda anclada en ese momento y le cuesta volver, ya que somos pura emoción.

Luego de diez años lo volví a ver, sigue trabajando y con el mismo aspecto, como si no hubiera pasado el tiempo. Su madre ya tiene casi 100 años, y uno tal vez puede decir son los genes, sin embargo tal vez podríamos decir que son las enseñanzas y tener la sabiduría de no discutir, de saber que la energía es valiosa como para desperdiciarla en una discusión, y además lo único que es verdad en una discusión es que ninguna de las partes tiene la verdad, sólo son precepciones de ver las cosas. No discutas y te preservarás con buena energía y salud.

29. La mente actúa en base a tus emociones

Es importante saber que un enojo con una persona es algo que nos puede traer mayores problemas en ese momento, e inclusive nos ponemos más energéticos y podemos hacer más grande el conflicto, total en ese momento lo importante es ganar, no quedar mal, demostrar a la otra persona que está sometida, que uno tiene la razón, etc…

Sin embargo pasada la situación, dentro de unas horas, tal vez luego de dormir, al otro día, pasa algo muy interesante pues la mente no reconoce si fue una pelea sin interés, ella emite pensamientos negativos a la otra persona, que si no sabemos controlar nos pueden llevar a un proceso negativo en el que vamos a estar horas. Lo lamentable es que a veces son nuestros seres queridos las victimas de nuestro acechador de pensamiento.

Ten en cuenta esto antes de discutir o iniciar un pleito, ya que es más serio de lo que te imaginas.

Debes detener ese pensamiento negativo, reemplazándolo por uno positivo, y pensando en la otra persona, e iniciar el proceso de pedir perdón.

Una técnica es cerrar los ojos, respirar, relajarse e imaginarse a la otra persona y diciéndole lo siguiente: perdón, no quise dañarte, perdóname y sigamos adelante. Habla con la persona, esto es muy eficaz, ya que no es necesario hacerlo físicamente, pero como estamos conectados con cada uno de nosotros, podemos hacerlo de esa forma, ¿no te parece algo genial que disponemos de este gran recurso?, si sigue el pensamiento, continúa con la técnica, hasta que un día verás que el conflicto entre tú y la otra persona cambia y la relación mejora.

Es muy importante que antes de iniciar una discusión, seas consciente de que el resultado es lo que te expliqué, es muy importante mantener la paz, para evitar dañar a la otra persona; una técnica para controlar situaciones de tensión es unirlos los dedos de tu mano, sin tocar las palmas y sentir la respiración y el aire que ingresa que es más de lo normal, siempre en forma lenta y exhala de la misma manera.

Recuerda el pensamiento no reconoce, actúa en base a la emociones que tú le envíes, debes páralo y romper ese proceso con estas técnicas para evitar que crezca en el tiempo.

30. Conocerse a sí mismo

Cuando abro los ojos y me miro en un espejo, me veo a mí mismo, llamo a un amigo y le digo ¿qué ves? Y él me dice a ti pues…

Eso es, yo y toda las personas que invite me dirán que me ven a mí, sin embargo si ahora cierro mis ojos y me miro hacia dentro para ver realmente quien soy, encontraré mi ser. Invito a mi amigo Pedro y le digo que cierre los ojos y mire mi interior y me diga ¿qué ve? Me dirá nada, sólo veo oscuro, y así pasará con todas las personas que invite a hacer lo mismo. Sólo tú puedes ver tu interior, sólo tú puedes llegar a conocerte a ti mismo.

Comienza todos los días a ver qué hiciste, que aprendiste, porqué lo hiciste y cual fue lo positivo de cada situación, entonces verás como se comienzan a unir dos mundos: el exterior y el interior, lograr que en tu día hagas en el exterior lo que piensas en tú interior será magia y las cosas fluirán sin esos conflictos que desgastan. Serás Integro cada que veas más tu interior.

Se habla mucho de la meditación, de cómo se debe hacer, sin embargo muchas personas no lo entienden, porque es tan abstracto como te lo expliqué, ya que solo tú puedes hacer tu meditación, lo harás cuando te introduzcas a tu interior.

¿Cuanta veces? las veces que tú sientas que tus emociones estén alteradas y estás perdiendo el equilibrio, meditar es un ejercicio de Dios, que nos deja para que aprendamos a conectarnos con él, por lo cual solo lo debes descubrir tú mismo.

Que pongas música, que lo hagas en la cima de la montaña, en tu oficina, lo hagas 30 veces al día, o que la hagas una, no importa, lo que importa es que te sientas cómodo conectándote con la fuente y obtener lo que tengas que obtener.

31. Sé fuego grande

Un día realizando un coach, una coachee (es la persona que está haciendo coach) me dijo que ella era fuego y pasión para realizar sus objetivos.

Diálogo entre un Coach y su coachee:

Coach: ¿Qué fuego eres, uno grande o uno chico? Coachee: Soy un fuego grande, sin embargo a veces me apago.

Coach: ¿Ser un fuego grande que requiere?

Coachee: Tal vez leña, atención para que no se apague.

Coach: ¿Qué cualidades tiene un fuego?

Coachee: Iluminación, dar calor y sobre todo me permite ver las caras de lo que están en derredor.

Coach: ¿Qué representa el fuego grande para la gente que no puede prender su propio fuego?

Coachee: Beneficios y por consecuencia se acercarían a mi fuego.

Coach: Ahora ¿qué pasa si eres un fuego chico?

Coachee: Nadie se acercaría, ya que no lo podrían ver a distancia y no se podrían beneficiar en nada.

Ser un fuego grande requiere responsabilidad, sin embargo puedes compartir calor, amistad e iluminación con muchas personas; ser fuego chico, sólo habrá iluminación para ti, nadie se dará cuenta de que existes y pasarás inadvertido.

¿Cómo te gustaría que te recuerden tu familia y tus amigos? ¿Cómo fuego grande o como fuego chico?

32. Cómo tener una mejor comunicación

Un día a la mañana en una linda granja alejada de la ciudad, estando con mi hermosa y amada familia, recién comenzaba a amanecer, cuando escuchamos el canto de un gallo, simple y sencillo mensaje, ¡a levantarse que amaneció! Que forma más eficaz de comunicarse, pensamos o hablamos de comunicación efectiva, con la percepción de que debemos tratar de trasmitir con todos nuestros sentidos y modos.

Tal vez reemplazaría la comunicación efectiva por el término comunicación simple.

Antes de extender este concepto, en mi empresa llamaba a mi supervisora sin ideas claras de comunicar y la charla se hacía extensa, como si el gallo en vez de comunicar hubiese hecho un concierto, ¿te imaginas al gallo cantando por media hora?, no lo creo.

La naturaleza nos enseña a comunicar de forma sabia, como un lapacho que florece en forma silenciosa y esplendorosa nos dice que ya dejará de hacer frío.

Sólo habla lo necesario, lo que necesitas que sepan de ti y pregunta sólo lo que necesitas saber, para un determinado tema.

Si la otra persona comunica demasiado, sólo cambia el tema, corta el exceso, no lo hacen en forma conciente, sólo cuídalo, ya que su energía es valiosa.

Haz un día el ejercicio de ponerte a hablar de todo, con todos y luego cierra los ojos por un minuto y te darás cuenta de que tus vibraciones serán altas y te encontrarás agotado.

Una de las alternativas para conservar tu energía, es escribir tus indicaciones y ponerlas en conocimiento, eso es comunicar sin gastar energía.

Recuerda que la energía es de vital importancia para conseguir tus objetivos en forma diaria.

33. Volver al futuro

Una historia increíble fue como llegó a mi vida el PNL. Un día, llegó un amigo a la oficina de la empresa donde yo trabajaba, él era un representante que buscaba necesidades de clientes y ofrecía productos que su empresa representaba. En ese momento él estaba pasando una etapa en la que su hijo había contraído cáncer, hablamos de ese tema, él me dice que estaba escuchando audios de un instructor y le comento que yo también estaba buscando opciones para lograr cambios en mi vida. De pronto me comenta que lo que estaba escuchando le estaba ayudando a enfrentar la situación.

Hasta ese momento yo le preguntaba al universo, tratando de encontrar herramientas que me impulsaran a tener ese cambio deseado.

Ese instructor que escuchaba mi amigo José, se llama Edmundo Velazco, persona con un Don de trasmitir como pocos en el mundo.

Luego que José continuó su viaje, ingresé a mi oficina, me puse mis auriculares y comencé a escuchar el audio y me pareció fantástico.

Luego comencé a estudiar el PNL y me di cuenta de que tenía un deseo profundo de seguir adelante, con el tiempo llegué a convertirme en un Coach Internacional, un Master Coach en negocio con PNL y un Facilitador de Proceso de Cambio.

El PNL fue la repuesta del universo para el crecimiento

acelerado de mi ser, la respuesta a mi parte interior para entender mejor mis pensamientos y así poder ayudar a tantas personas que quieren un cambio, como yo lo deseaba en ese momento.

Ahora en este capítulo tan especial comenté mi inicio con PNL, y menciono volver al futuro, ya que ese amigo mío José, que fue el mensajero del universo al traerme el PNL, lamentablemente perdió a su hijo. Luego de un tiempo vuelve a pasar por mi oficina, tratando de sobrellevar la situación, hasta que un día al tener mayor experiencia en PNL, le hice unas técnicas que lograron que él salga de esa situación de depresión para poder comenzar de nuevo su vida, ese día el universo me envió una reflexión que les quiero compartir.

Cuando vi a José mejor, me imaginé que ese día que José me dejó el audio de PNL, es como que había viajado desde el futuro a entregarme dicho audio y que luego nos encontraríamos en el futuro ya con las técnicas estudiadas por mí, para que lo pueda ayudar en ese momento tan difícil al borde de querer desaparecer.

Por eso el ayudar a otro es como que en el futuro recibirás el fruto de haber puesto una semilla.

Hoy José recibió muchísimos más audios que el que él me dió, hoy estas técnicas le están permitiendo ayudarse y ayudar a su esposa a superar su pérdida.

34. ¿Quieres ayudar? comienza ayudando imaginariamente a una persona en el África.

Siempre hay imágenes de niños y adultos de África y hay campañas que muestran en la tv, entonces cuando uno mira los documentales, de adentro sale la intención de ayudar a una persona de ese continente; sin embargo en la mayoría de las oportunidades estamos lejos, y nos decimos que bueno sería ayudar, sólo nos quedamos con la intención.

Ahora si observamos un poco a nuestro alrededor nos daremos cuenta de que hay muchas personas cerca de uno que tienen las mismas necesidades y que no necesariamente son de África.

Ayudar requiere tiempo y disposición, ¿qué te hace pensar que puedes ayudar a una persona de un lugar tan lejano, si no puedes ayudar a personas que están mucho más cerca de ti y necesitan de tu colaboración?

Si ayudas a muchas personas que están a tu alcance, verás que ya comenzaste y que algún día estarás ayudando a una persona de África. Ayudar es un ejercicio, como si estando en un gimnasio y quieres de repente alzar 50 kg en tu primer día, veras que es costoso, sin embargo comenzar con menos peso hará que en determinado tiempo alcances el objetivo del peso que te propongas.

Ayuda en forma visual, los pensamientos son energía, sólo necesito cerrar los ojos, me imagino en una aldea de Africa, allí estoy yo, ayudando y dando de comer a varios chicos de Africa, en un momento se acercan y me dan un abrazo de agradecimiento. Eso me llena de alegría en mi corazón, lo que estás visualizando lo estás creando en un plano cuántico que ya está sucediendo, ya que tus pensamientos generaron energía y se materializó o bien se materializará en algún momento. Dar no es difícil como parece, entonces no hay límites, puedes ayudar a los que están cerca y a los que están a miles de kilómetros, la mente puede lograr todo.

35. Ataca la situación y no a la personas

Nadie es tan malo como uno cree que puede ser. Nuestro planeta está habitado por seres humanos, por lo cual, en lo más o menos profundo, siempre habrá compasión. Si alguien se equivoca o algo sale mal, en ese momento salimos disparados como rayo hacia la otra persona; tanto, que no podemos detenernos, calmarnos y aceptar. Como decimos en PNL hay una intención, tal vez necesitábamos que las cosas salgan bien, que mi colaborador no me falle, mi expectativa era grande, si pudieras paralizar la escena en la que estás, salir de tu cuerpo, ponerte en un sillón frente a la situación y decir "acción" y ver lo enojado que estás, te darías cuenta de que tienes dos opciones: seguir atacando a la persona la cual estará en contra tuya, aunque te lo diga o no; o la segunda opción es atacar la situación con tu experiencia y en este caso no estarás solo, sino que la persona también te apoyará y con más ganas.

Tú eres juez, ya que tú eliges que gane el EGO o que gane la COMPASIÓN.

Cuando debes parar, tú lo sabes, ya que una voz angelical te dice que pares y ayudes, en ese momento es donde eliges de seguir atacando a la persona o a la situación. Recuerda y practica ser consciente, tú puedes elegir. Luego tú me dirás la hermosa sensación que te deja esta experiencia de conocerte un poco más.

Si alguien comete un error, lo sabe, solo es cuestión de preguntarle qué lo llevó a cometer ese error, tal vez le faltaron recursos, la verdad es que te puede llegar a sorprender.

Grandes cambios de proceso en la industria se llevaron a cabo por observar un error, preguntar a que se debía, o porqué lo hacían así, y a partir de ahí enfocarse en la solución a ese problema, es decir atacar la situación y no a la persona.

Siempre es aconsejable cuando se le debe decir algo a una persona usar el sentido del humor, decirle que a cualquiera le puede pasar, recuerda que ellos saben que no hicieron correctamente la cosas y ellos mismo ya están siendo exigente con ellos mismos, por lo cual que tú reprimas, será como apagar el fuego con nafta.

No obstante, luego de romper el hielo con humor, se debe cerrar con una pregunta, que obtenga una repuesta de corrección de la persona y se escuche a sí misma, ya que el inconsciente debe escuchar de su propia voz la nueva indicación que debe llevar a cabo, y tú debes alejarte del lugar, porque en muchos caso se sigue hablando y se convierte en una redundancia del tema, mientras pasa eso tú estás vibrando y eso genera pérdida de energía.

36. El día que salí a dar Comida

Cuantas veces estamos imaginando cómo ayudar otras personas, lo pensamos y lo decimos cuando vemos a personas pidiendo en la calle, o bien estamos en un restaurant, mientras nos deleitamos de un buen plato elaborado por un chef, vemos indigentes que tratan de acercarse a pedir y que son corridos por el personal del restaurant.

Yo era uno de los que siempre pensaba y me imaginaba un día en repartir un buen plato a las personas más necesitadas y que se pondrían felices al saborear una rica comida.

Pasó mucho tiempo, hasta que un día me decidí, a hacerlo, le encargué ayuda a una de nuestras excelente colaboradoras llamada Romina y le indiqué que haga un revuelto gramajo acompañado de arroz; ya les había comentado a Romina y a mi amada esposa Gloria, a ella por supuesto le gustó la iniciativa. Un día se sorprendieron cuando les dije: hoy es el día. Dejé a un lado las actividades empresariales para dedicarme a tener una gran experiencia, mi mente trataba de armar una escena, sin embargo como hago siempre cuando hago algo nuevo, trato de no pensar y solo ponerme en acción.

Recuerdo ese día sábado, cuando era el mediodía y ya

se retiraba Romina luego de preparar las viandas para las personas, y por cierto estaba muy feliz de participar en esa experiencia, cuando mi esposa me dice Dios ya envió a alguien, y Romina de abajo nos dice que hay un hombrecito que busca comida. Fue algo tán interesante que ese ser se presentara de forma inmediata, bajé y le entregué la vianda al anciano, me miró y me agradeció.

Luego salí en mi camioneta a buscar en la ciudad a las otras personas, sin embargo observé que no había tantas personas en la calle, ese era un buen mensaje tal vez, pues mi percepción era que iba a encontrar a varios.

Di una vuelta por una plaza y cuando ya me dirigía a otro lugar decidí dar una segunda vuelta, como que algo me llevó a hacerlo, en efecto miro a mi derecha y una persona aparece, me estaciono y me acerco, nunca voy a olvidar el gesto de asombro de la persona, de tanto pedir, su mente no entendía que ahora le estaban ofreciendo comida, me miró como desorientado, hasta que apareció una sonrisa, que como dije no olvidaré, y una palabra tal vez olvidada para él, GRACIAS. Amigos, es una experiencia de las mejores que realicé.

Continué en mi camioneta y seguí dando vueltas, cuando ya estaba por regresar a casa pues no encontraba a nadie, cerca de una terminal veo pasar a un lustra botas, estacioné la camioneta; era un joven, con su ropa harapienta y su calzado deshilachado, ¿podrás creer lo que te voy a contar? Caminaba con actitud, y se acerca y le digo, amigo tome una comidita, él me da una sonrisa y agarra la vianda y me dice "Gracias, voy a comer un poco y el resto le llevaré a mi familia, porque no me siento bien si nos comemos todos". Mi piel se estremeció, agarré el resto de las viandas y se la entregué y le dije: para su familia; una vez más me dio las gracias y se sentó en la vereda a comer.

Hoy ¿cuánto te cuesta un plato de comida más? Eso sólo tú lo sabes, sin embargo si lo tienes y un día quieres tener una gran experiencia te pido que lo hagas, verás que la magia del universo te lo agradecerá.

Hoy tengo ganas de seguir haciendo y sé que lo haré, tú ya lo estás haciendo también, porque al tener mi libro y todo lo que se publique, el 10 % de la ganancias estarán destinados a esto y a lo que designe Jesús y el Universo.

37. Quiere a la tierra dónde vives

En un viaje de negocios hacia una ciudad linda e interesante como Comodoro Rivadavia, que se encuentra en el Sur de Argentina, tuve la oportunidad de presenciar un pensamiento colectivo en gran escala.

El inconsciente de una ciudad no es el municipio, el gobernante o el fundador, el inconsciente son los propios ciudadanos.

Es una ciudad que visité en varias ocasiones cuando trabajaba en el primer polo petrolero privado más importante de Argentina.

Cada vez que llegaba me deslumbraba su mar, el potencial de riqueza, la abundancia, la mezcla de soñadores de otra tierra que venían a buscar la gran oportunidad de trabajar en la ciudad de mayor productividad de gas y petróleo.

Había además mariscos, rabas y peces frescos que se comían en los restaurantes, y los postres de chocolates típicos de una ciudad en donde los fríos son acogedores.

El viento intenso inclina los árboles, dándole un paisaje único en el país, ellos acostados igual dan sombras.

Había algo que me llamaba la atención cuando visitaba la ciudad, percibía un malestar de los ciudadanos que estaban por motivos laborales radicados en la ciudad, se los veía un poco molestos y si bien estaban presentes en la ciudad, su mente estaba en su ciudad natal o bien en la ciudad que quisieran vivir.

Hubo algo que me llamó la atención, pues desechaban los residuos cloacales en el Mar a una determinada distancia de la costa, lo cual a simple vista del turista, era como que no encontraron otra opción para ese problema, y daba la impresión que no les molestaba.

El cerro Chenque perfilado para evitar desmoronamientos, era testigo de esa ciudad; los comentarios eran que la gran cantidad de tierra había sido retirada del mismo, para ser colocada en parte del mar con el fin de ganar terreno al mismo. El empresario que realizó esa mega obra de perfilado, era el mismo que usó esa tierra para construir un centro comercial, la ganancia del terreno en el mar era a costo cero.

Martina, mi hermana, vivía con su familia hacía más de 7 años en esa ciudad, ella alquilaba teniendo el sueño de volver a Salta, su provincia natal.

Por ella me enteré del llamado stress patagónico, que se debía al encierro en la Patagonia, según me comentó, ya que extrañaba tanto el lugar que nos vió crecer juntos.

Recuerdo ese día en que estaba recibiendo una capacitación en la empresa, cuando fue interrumpida, porque el capacitador nos dijo que su casa estaba inundada, luego comenzaron los cortes de luz, pasadas una horas se veía desde las ventanas del hotel que las calles eran la base de un río caudaloso, que arrastraba vehículos, el lodo del cerro Chenque comenzó a ingresar junto al agua a las casas de bajo nivel.

Mi hermana enviaba mensajes de la situación, vehículos que fueron arrastrados al mar, una de la catástrofe más grande que sufrió Comodoro Rivadavia.

Duró varios días la lluvia y los daños fueron enormes, y nosotros estuvimos varados en la ciudad.

La familia de mi hermana perdió cosas materiales, sin embargo estaban a salvo y más unidos que nunca.

Cuando experimento algo de esta magnitud, sólo me hago una pregunta, ¿qué aprendí y para que estoy en presencia de esta situación?

Luego de esto, mi hermana se decidió comprar una casa y quedarse a vivir en Comodoro, cuántas historias más hubo de éstas no lo sé, sin embargo creo que esta experiencia los fortaleció.

Ahora cada vez que voy a Comodoro, observo otra forma de ver la ciudad. Sus habitantes habrán cambiado, por sus comentarios creo que sí, entonces, ¿el inconsciente colectivo habrá cambiado?, ¿y tú qué opinas de la ciudad en que vives?

38. Todos somos un todo

Venimos a este mundo sólo con nuestro cuerpo, mente y corazón, sin embargo desde nuestra gestación ya dependemos de nuestra madre, luego del cuidado de nuestros padres, en nuestro crecimiento pasamos a ser parte de un todo; ¿que sería si estuviésemos solos y no formáramos parte de nada?, las personas y las cosas dan forma a nuestra realidad, cada uno de nosotros percibe parte de esa realidad.

Siempre tendemos a un sistema complejo, según la ley de Gal, un sistema complejo no surge de la nada, siempre surge de un sistema simple.

Yo no soy yo, si no tengo tu percepción de mí, lo cual puede estar cerca de la realidad o no, sin embargo nunca será verdad. Mantenemos el planeta porque somos un todo, nuestra energía contribuye a la energía del todo, como si fuéramos batería, nada en el planeta está estático, todo está en movimiento.

Si somos un todo, entonces la energía es un todo, mi energía para que fluya debe estar en acuerdo con la mayor parte del todo.

Cada día que pasa, el todo es más complejo, requiere más energía, y nosotros la proveemos, por lo cual lo que tienes a tu alrededor y lo que haces uso, es provisto por el todo y fue creado por nuestros pensamientos que son energía.

El uso de celulares, volar en aviones, el uso de internet, el viaje a Marte, seguramente en un futuro veremos otras galaxias, queremos televisión, transportarnos de un lugar a otro, queremos viajar en el tiempo. La pregunta es ¿quién proveerá esa energía? Sin duda que nosotros. Por eso estamos viviendo en un tiempo en donde nuestros átomos y electrones se están moviendo a mayor velocidad, requerimos una mayor vibración porque necesitamos proveer más energía. Sostener nuestra realidad y el todo es un gran compromiso, pero sobre todo una gran decisión de la humanidad.

De acuerdo, yo soy una parte del todo infinito, sin embargo yo también soy mi todo y puedo crear lo que está a mí alrededor, proveo energía al todo por ley, y hago uso de ella, sin embargo lo puedo hacer a mi manera, el juego está en saber cómo distribuir esa energía, decido poner un poco de energía en mi familia, en mi salud, en mi prosperidad, en mi aprendizaje, en la solidaridad, en dar, en hacer, en crear, en la espiritualidad, en conocer, en descubrir, en mi ser, en mi humor, en lo que tú deseas; ahora seguramente te des cuenta de algo que no mencioné, pues también se puede poner la energía en algo negativo, el todo infinito y universal, tiene canales de captación de nuestra energía y la direcciona. Entonces al final del día, los resultados de nuestros pensamientos y la energía serán un resultado que es una responsabilidad de la humanidad. Tú eres responsable de tu todo, que luego al final del día cuando duermas, viajas a dejar tu energía al universo y la dejarás en los canales que te indiqué.

Se consciente de lo importante que eres por existir en esta vida, millones de vidas dependen de tu pensamiento, ahora dime, ¿qué pensarás hoy?

39. Leyes espirituales

En mi proceso de ayudarte a lograr el cambio deseado, aparte de ofrecerte en este libro las técnicas de PNL, que lograrán tener cambios permanentes en lo que deseas cambiar, es importante que respaldes las mismas con las leyes espirituales o universales, que realmente son leyes, como la ley de la gravedad, que también se cumplen a la perfección. Voy a ayudarte a comprenderlas, a tener consciencia de que existen, sin embargo es muy importante que las experimentes, para que te des cuenta de que te ayudarán a conseguir los sueños y objetivos que te propongas, es decir, al manejarla te darás cuenta que las cosas se consiguen con más facilidad, ¿te interesa? Bueno entonces a explicarlas.

Ley de la intención

La primera ley es la intención, es la semilla, ya que sin semilla no hay árbol, en este libro relato el ejemplo del arquero, es lo que representa esta ley, la intención es la flecha lanzada en una dirección, con la fuerza y el deseo, luego esa flecha es parte del universo, ya que nosotros no la podemos ir guiando hasta encontrar su destino, sólo podemos lanzarla, es decir sólo tenemos una intención y la fe de que lograremos que la flecha dé en el blanco. Repasemos esta técnica, cierra los ojos, pon la flecha, estira el arco, tensiona, no sueltes, piensa en ese momento en lo que deseas, no dejes de pensar en que puedes lograrlo, que lo alcanzarás, en ese momento pasa algo maravilloso, se une tu mente y tu corazón, solo concéntrate que eso va a pasar, luego suelta la cuerda y libera tu sueño en esa flecha al universo con la fe de que lo lograrás.

Funciona de esta forma la ley de la intención, nuestro pensamiento es la flecha y el arco es nuestra emoción, solo ten fe en que se concretará tu deseo y confía en tu inconsciente. Te sugiero que esta ley la apliques con el hemisferio derecho, es decir sin considerar lo racional, sólo desea y no pienses como llegará o lograrás eso en tu vida, solo siente el resultado, siente que las lágrimas caen sobre tus mejillas de felicidad, imagina ese momento, que es tuyo, puede ocurrir que sea tal cual te lo imaginaste o bien parecido, pero te aseguro que llegará ese momento, como el náufrago en una isla lejana, que espera un barco, sin embargo llega un helicóptero y lo salva, ¿crees que se pondrá triste porque esperaba el barco? Como el empresario que quería ser millonario, y lo soñaba, sin embargo no sabía cómo, solo se ponía en acción todos los días, sabía que al libro que escribía no le podía faltar una hoja, él era el atleta que todo los días debe levantarse a realizar ejercicios, hasta que un día le aparece un negocio que lo convierte en millonario, recuerda amigo mío del "cómo" se encarga el universo.

Ley del apego y desapego

La ley del apego y desapego. Sin duda que esta ley la debes aplicar todos los días, es la que te dice si las cosas u objetivos se acercarán o se alejarán de ti; en el arquero, el momento de desapego es cuando sueltas la flecha, en ese momento lo liberas y entregas al universo tu intención.

Un apego que podemos ver y nos muestra de que se trata, es la película "El Señor de los anillos". Esa película muestra como un anillo que tiene poderes, puede generar sufrimiento en todos aquellos que lo quieren poseer, el apego es lo que te alejará de todo lo que deseas, es irracional como todo lo que pasa en las leyes espirituales, si me apego a algo, debería venir a mi lado y quedarse conmigo, bueno entonces podríamos analizar lo más profundo de la humanidad, que es que no podemos vivir en esta vida en forma eterna, solo este ejemplo nos dice que el apego es algo que nos genera pérdida de energía, sufrimiento innecesario; sólo acepta, aceptar es la clave de eliminar el apego, acepta que a tus hijo no los puedes proteger toda la vida, acepta que vas a envejecer, acepta y libérate.

Ley del dar y recibir

En el transcurso de mi seminario y de mis conferencias, observo que a las personas lo que les cuesta es recibir, tal vez uno de los programas que nos marcaron o nos enseñaron, es dar sin esperar nada a cambio o dar sin recibir. El recibir es una consecuencia del dar, y como mencionamos es una ley, y si es una ley independiente del que la aplique, se cumple. Su efecto lo vamos a ver, ya sea en forma consciente o inconsciente, esto quiere decir que el efecto lo podemos ver, tal vez desconozcamos cuándo puede ocurrir, sin embargo ocurrirá, a veces la persona no se da cuenta del efecto porque se olvidó cuando dió, ya que su efecto puede pasar en horas, días, semanas o años, entonces dice: que suerte que tengo, y en otra ocasiones dice, no gracias, o en el extremo dice: no me lo merezco, en este caso es cuando digo que la persona no está preparada para recibir lo que el universo le envía por una acción que realizó. También el dar, es una acción que el ego no permite, por lo tanto hay un programa que tenemos de supervivencia, de necesidad de pensar en que si damos, nos faltará.

También otra pregunta es ¿cuándo dar y a quién dar? Y cuánto dar?, como tampoco no sabemos con precisión cuándo vamos a recibir, tampoco no sabemos cuándo vamos a dar. Algunas personas se ponen en campaña de dar, dar, dar y dar, y llega un momento que no saben por qué están dando y se enojan de dar tanto y no recibir. Cómo darás, lo establece el universo, la forma de dar es tan misteriosa como el recibir, por más que tengas el dinero, o algo que quieras dar, el ego y los pensamientos te llevarán a planificar como dar, a quién dar y cuánto dar, la magia desaparecerá, solo dá cuando sientas en el corazón y el mensaje en tu mente que debes dar, con esto te quiero decir que el universo se encarga de hacer cumplir esta ley, y lo hace sin esfuerzo.

Qué es dar mucho y qué es dar poco, no tenemos suficiente conciencia para poder definir, si das poco te pones a pensar si es suficiente, luego te pones a pensar si le he dado al que correspondía, no había otra persona que estaba peor que esta persona a la que le dí? Bueno, es un juego de pensamientos que harán que la magia desaparezca.

Ese momento llega, solo tienes que poner la mente en blanco en este aspecto y dejar que fluya, siempre llega ese momento y es una de la emociones más cercanas que tenemos al creador cuando lo experimentamos.

Es importante que tengas conciencia de que esto es una ley, y comienza a experimentar y aprender a dar, siempre las personas tienen una percepción de que dan, cuando pregunto me dicen, si claro como que no, damos, sí damos. La acción de dar ocurre en un instante, pero en ese instante es un segundo que se toma la decisión y se hace en el momento, es vencer al ego tan rápido que no se dio cuenta de que ayudamos, liberamos o entregamos algo nuestro y cuando reaccionó, ya fue tarde.

Recuerda una pulseada, cuando el árbitro da la orden, pueden ocurrir 2 cosas, que un oponente lo venza al instante o que se lleve a cabo el esfuerzo, concentración, dolor, hasta que termina ganando uno de los competidores, luego de varios minutos.

En el primer caso, prácticamente fue tan rápido que ninguno sintió dolor, ni el que perdió, ni el que ganó. A ese momento me refiero cuando das, y es tan rápido que el ego o la mente no se dan cuenta, tampoco lo sufrieron. En cambio el otro caso, es cuando dudamos en dar, y nos hacemos todas las preguntas que puse de ejemplo, entonces el ego busca ganar y presenta batalla al corazón, entonces se presenta la dualidad, con dos probables realidades, con dos posibles vencedores, al fin del combate, ganará uno.

Sin embargo ganar es como lo definimos al que se impuso a la acción, no obstante en este caso tanto el ganador como el perdedor habrán tensionado todos sus músculos, el dolor los invadió, y en su mente pasará un tiempo hasta que se borren los ojos de su contrincante. Este segundo caso representa el momento que damos, pero luego pensamos y pensamos, si hicimos bien y si no damos, en ese caso ganó el ego, nos sentimos mal por no haber dado, y queremos volver a ese momento y revertir la situación.

Un día estaba en un patio de comida junto a mi cuñado, elegimos la comida y cuando estaba por pagar, veo que un anciano saca de su bolsillo un puñado de dinero arrugado, lo miro y me giro hacia la cajera, pago mi cuenta y le digo que cobre lo del anciano, él era tan anciano que no atinó a darse cuenta de la situación, me cobró todo y luego me retiré del local de comida.

En esta experiencia, en la cual reflexioné, me di cuenta que dar es una de las experiencias más bellas del mundo, cuando ¡pum! le ganas a la mente.

Simplemente cuando se presente, pulsea rápido, gana y ayuda, no importa cuánto, no importa a quién o quiénes, no importa si te vieron o no, si a alguien le importa, sólo vez y hazlo.

Desde que nos conciben recibimos la oportunidad de vivir, somos seres para recibir, la naturaleza nos muestra que está dispuesta a darnos, es decisión nuestra el recibir, solo nuestra.

Hablemos del aire, el aire está disponible en forma infinita, respiramos lo que queremos, y estamos respirando en forma constante las 24 horas del día, siente en este momento como el aire entra por tus pulmones y exhalas, eso es recibir y dar.

Si logramos poner en nuestra mente que podemos recibir lo que queremos, como si estuviésemos recibiendo aire, nos daríamos cuenta que siempre tenemos todo lo que deseamos a disposición sin hacer esfuerzo.

La ley del mínimo esfuerzo

El mejor ejemplo de entender esta ley es apreciar la naturaleza, todo lo que funciona alrededor del humano es realizado sin esfuerzo, no hay ninguna clase de conflicto cuando una semilla es plantada en la tierra, la planta crece sin esfuerzo. El pájaro vuela sin esfuerzo, el pez nada sin esfuerzo, todo es realizado sin esfuerzo.

Sin embargo, por ejemplo en la etapa de proceso de vuelo de un ave, en algún momento el pájaro salió del nido y tuvo que tomar vuelo por primera vez, en ese momento obvio que se presenta el miedo y lo que tiene que superar, ahora la pregunta es ¿cómo lo logra? Sabe en su interior que va a volar, que nació para eso.

Se habrán presentado distintas probabilidades y dificultades en esa situación, sin embargo hay algo que pasó, que logró el ave, es no poner resistencia, siempre sabiendo que al final de todo lograría su objetivo que es volar.

La naturaleza una vez más es mentora de enseñarnos que la resistencia solo genera resistencia, aplicando esta ley pude reflexionar que siempre cuando tienes una meta, un objetivo, como el pájaro que quiere volar, la naturaleza te demuestra que lo vas a lograr, el pro-

ceso puede variar, el ave puede ser cualquier especie, puede estar en cualquier lugar del mundo, puede tener mayor o menor adversidades frente a las condiciones climáticas, sin embargo volará, en tu caso si tu mente y corazón desean tanto como el ave desea volar, tú lo lograrás, sólo debes ser consciente que cuando se presente no pongas resistencia, si una parte del proceso se realiza de una forma que no tenías prevista, no pongas resistencia, escucha y entiende que por algo se está presentando, en algunos casos puede ser algo sencillo o en otro caso más complejo, que prácticamente detiene el proceso, sin embargo si sigues pensando en que lo lograrás y tu imagen de conseguirlo, sentirlo y escucharlo continúa intacta, se volverá a presentar de nuevo y continuará con más fuerza, porque no pusiste resistencia, sólo aceptaste y continuaste.

Deja a una lado el control, solo relájate para viajar hacia donde pusiste la intención, lo que queremos es lo que pasará, es la fe la que nos permite lograr y la fe amigo es tener los pensamientos y emociones vibrando en la misma frecuencia.

Ley del Darma

Si ves a una persona que es exitosa, que destaca en lo que hace y sobre todo lo hace sin esfuerzo, es que esa persona ha encontrado su Darma, sin embargo es obvio que durante el proceso ha tenido que aprender y trabajar en su perfección, sin embargo es cuestión de tiempo para ser mejor que el maestro, es cuestión de tiempo para que desarrolle sus propios métodos, sus propios procesos, y logre tener confianza única en sí mismo.

¿Alguna vez te pusiste a pensar cual es tu Darma? Siempre las personas se confunden en creer que lo que hacen es lo que desearon en su vida, sin embargo en ciertas ocasiones terminamos haciendo lo que nuestros seres querido querían, deseaban o necesitaban que hicieramos, a eso le denominamos proyecciones, ejemplos como que el padre quería ser guitarrista y no lo logra por ciertas circunstancias, entonces le regala a su hijo una guitarra a los cinco años, a los 6 lo envía a profesor y así de una forma u otra comparte su deseo a su hijo.

El empresario que funda un imperio y quiere que su hijo continúe y duplique lo que el logró, sin embargo el hijo desea ser un artista, deja su sueño para cumplir con el deseo de su familia, él simplemente se adapta y deja a un lado lo que alguna vez había soñado.

En mi caso, fui un niño que vio a su padres trabajar en una empresa petrolera estatal, ellos eran de profesión enfermero, ya a mis 11 años había establecido ser ingeniero y trabajar en una empresa petrolera, lo cual se llevó a cabo, cuando llegué a ese sueño, me di cuenta que quería ser empresario, ya que consideraba que quería y podía tener más ingresos trabajando en mi propia empresa, en este caso el de mi esposa y mía, hasta que un día llego el PNL a mi vida y la red de mercadeo; luego de ver que las cosas fluían con una razón única para explicar, reflexionar, escribir y despertar a las personas, me di cuenta que a diferencia de mis otras carreras en el que no me destacaba por ser experto en la mecánica, en la matemáticas, era sólo un puente, que si no lo hubiera cruzado no podía saber que hoy te estoy ayudando a que tú puedas tener otras opciones para poder lograr todo lo que deseas y porque no, tu darma, recuerda si hay esfuerzo, no hay disfrute, es que no es darma, es solo proyección de alguien o de tú mismo que viste en alguien y te inspiraste. Cuando tuve mis primeras conferencias, me di cuenta que hablar y hacer reflexionar a las personas, ver sus agradecimientos, no fijarme el tiempo que pasa, la seguridad con la que trasmitía mis conocimientos, es sin duda una de las experiencias más fabulosas de la vida.

Cuando pude hacer metáforas como el dique y el río, el arquero y otras más me di cuenta que a partir de las enseñanzas que aprendí pude comenzar a desarrollarme y esa fue la evidencia de que estaba encontrando mi Darma.

Recuerda: el primero paso, es preguntarte si lo que estás haciendo, era una proyección de alguien cercano a ti o lo estás haciendo por necesidad?

Segundo, ¿lo haces de forma natural, evoluciona en ti, es decir, estás desarrollando algo nuevo en ese tema con tus propios recursos?

¿Observas que no convences a nadie, todo lo contrario, ellos se convencen primero y te reconocen?

Entonces encontraste tu Darma, luego si cambias los programas del dinero que tienes, te darás cuenta que si deseas dinero también lo tendrás.

Ley del Karma

Desde niño escuchaba a mi abuela decir: "No hagas lo que no te gustaría que te hagan", es una frase que la tenemos grabada, que nos detenía un poco tal vez cuando estábamos por hacer una travesura.

Para entender y aplicar esta ley, hay un concepto que se denomina la polaridad, que es ser una cosa u otra, cuando decimos que nos polarizamos, es cuando decimos que somos esto y que nunca seremos lo otro, somos de un partido político y por más que el otro partido gane o esté haciendo las cosas de forma distinta y mejor, siempre estaré a favor de mi partido político.

Soy el Capitán de este barco y si se hunde me hundiré con él, cuando pensamos y hacemos las cosas de esa forma, se dice que uno está polarizado.

Ahora si yo al pasar por una calle y veo a una persona pidiendo y le digo que no tengo nada para darle, sin embargo mi billetera tiene dinero, estoy completamente polarizado a que ese vagabundo no voy a ser yo, ni por casualidad, sin embargo hay historias de personas exitosas con buena posición que pasaron a ser indigentes, también ocurre con muchos aspectos de la vida, te dejo los ejemplos para que reflexiones en ello.

Cada religión tiene su interpretación de porqué debemos ponernos en el lugar del otro, yo simplemente digo que la conciencia es la que trasciende, por tal motivo, éste es el lugar para experimentar, somos un todo, por tal motivo simplemente haz un pequeño esfuerzo de ponerte en los zapatos del otro para que puedas experimentar la compasión, que es lo que impulsará a comprender y aplicar esta ley.

La técnica de la silla vacía en PNL o baile de tres, que permite resolver diferencias o conflictos entre personas. Ejemplo: te sientas en una silla en donde estás tú y en la otra está el vagabundo en forma imaginaria, la ves y le dices que debes cambiar, no puedes ir por ahí dando lástima, no es algo que te mereces, luego ahora te levantas y te sientas en la silla donde estaba el vagabundo y por un momento sientes como se siente, sabiendo que esa persona perdió todo cuando dejó de creer en él mismo, que perdió su casa, por haberla jugado en un casino, luego perdió su esposa e hijos y que no deja de pensar en ese día que lo perdió todo, entonces de repente te paras y te diriges a una tercera silla que es la vacía y en donde puedes ver todo como un observador y lo ves como una película, tú dando consejo desde el desconocimiento y tú mismo respondiendo y explicando las causas, en ese momento te das cuenta de que todo queda en silencio, de que las palabras están de más, ya que entras en conciencia que todos los personajes que pudieras poner en las sillas, eres tú, tú eres padre, tú eres hijo, tú eres esposo, tú eres abundante, tú eres escasez, tú eres parte de un todo.

Este hermoso ejercicio nos enseña a tener la comprensión y la compasión que nos acerca a la ley del Karma, que es comprender al otro como te gustaría que te comprendan a ti. La armonía, la energía equilibrada generan una paz que traerá bienestar a tu vida.

40. Es hora de que pongas a volar tu globo aerostático

El deseo de cuando escribí este libro, es que sea uno de los metros cúbicos de aire que ingrese en tu globo, que sea ese empujón que necesitabas, que sea un amigo más que desea lo mejor para ti.

Cuando inicié el cambio en mi forma de pensar, cuando miré mi sombra por primera vez y decidí ser feliz y lograr todo lo que quería, me pregunté como hacerlo, y es cuando aparecieron los mentores, PNL, las leyes espirituales, la conciencia de la energía, el trascender, el escritor de mi propia historia, todo eso que me pasó fue el aire que ingresó en mi globo aerostático, ese día miré a mi hermosa esposa, ella en ese momento acariciaba a uno de nuestros hijos en sus brazos, y le dije: amor es el momento de comenzar a volar, en ese momento me di cuenta que tanto conocimiento, tanta información, tanta experiencia, tanta conciencia, era suficiente, que en algún momento había que despegar, y lo hicimos, y luego en ese momento maravilloso miras hacia arriba y ves que el globo está grande, vez a tu familia subida en él, ves abajo a todas esas personas que te ayudaron, ya sea en una conferencia, los modelos que seguiste, los ejemplos que te inspiraron, la gente que confió en ti, en ese momento te das cuenta que debes soltar el amarre y comenzar a elevarte, a vencer la gravedad, ya tienes todo, ya sabes qué dirección le vas a dar, ya sabes adónde quieres llegar.

Un día, amiga o amigo, si sigues buscando mejorar o bien si sigues echándole buen aire a tu globo, tú también sabrás que es momento de soltar el amarre y dejar que tu globo se eleve. Ten paciencia, sólo ten fe y te espero en el cielo con miles de globos que también decidieron despegar.

9 789874 957139